文史哲學集成

楊祖聿著

# 詩品校注

文史哲出版社印行

詩品校注 / 楊祖聿著. -- 初版 -- 臺北市：
文史哲, 民 105.01 印刷
頁; 21 公分 (文史哲學集成;51)
ISBN 978-957-547-258-0 (平裝)

文史哲學集成 51

# 詩品校注

著者：楊祖聿
出版者：文史哲出版社
http:// www.lapen.com.tw
e-mail:lapen@ms74.hinet.net
登記證字號：行政院新聞局版臺業字五三三七號
發行人：彭正雄
發行所：文史哲出版社
印刷者：文史哲出版社
臺北市羅斯福路一段七十二巷四號
郵政劃撥帳號：一六一八〇一七五
電話886-2-23511028・傳真886-2-23965656

實價新臺幣四〇〇元

一九八一年（民七十）一月初版
二〇一六年（民一〇五）一月（BOD）初刷



ISBN 978-957-547-258-0　00051

# 凡例

一、明周履靖夷門廣牘本詩品三卷，萬曆年間金陵荊山書林梓行，校勘精審，今據以爲底本。並取其他可見之刋本及史書、類書、詩話，互爲比勘。

二、校勘之事，廣輯同異，校訂是非，期得其眞。然以今稽古，精碻殊難。今第就所見者，竭其棉薄，未敢言是。

三、注解之事，詞必課其詁訓，事必徵其典實，非本書所能盡，故於釋辭釋事，但求簡約明曉，未能云備。

四、自漢以降詩人百二十餘，詩品評隲銓衡，殫精畢慮。今廣集衆說，排比董理，於取舍之間，偶爲案語，亦係管窺之一得，至所不知則從闕，以俟博雅君子。

五、本書稱引師長先賢，悉依梁啓超淸代學術概論之例，不論存歿，皆不加「先生」二字。

# 詩品校注 目次

# 詩品校注

## 詩品①上　　梁潁川鍾嶸仲偉②撰

氣之動物，物之感人③，故搖蕩性情，形諸舞詠④。照燭三才⑤，暉⑥麗萬有，靈祇⑦待之以致饗，幽微藉之以昭告，動天地，感鬼神，莫近於詩⑧。

昔南風之詞⑨，卿雲之頌⑩，厥義敻矣。夏歌曰：「鬱陶乎予心」⑪，楚謠曰：「名余曰正則」⑫，雖詩體未全，然是五言之濫觴也⑬。逮漢李陵，始著五言之目矣⑭。古詩眇邈，人世難詳，推其文體，固是炎漢之製，非衰周之倡也⑮。

自王、揚、枚、馬之徒，詞賦競爽，而吟咏靡聞⑯。從李都尉迄班婕好，將百年間，有婦人焉，一人而已⑰。詩人之風，頓已⑱缺喪。東京二百載中，惟有班固詠史，質木無文⑲。降及建安⑳，曹公父子㉑，篤好斯文；平原兄弟，鬱爲文棟㉒；劉楨王粲，爲其羽翼㉓。次有攀龍托鳳，自致於屬車者，蓋將百計㉔。彬彬之盛，大備於時矣㉕。

是後陵遲衰微㉖，迄於有晋。太康中㉗，三張㉘二陸㉙，兩潘㉚一左㉛，勃爾復興，踵武前王，風流未沫㉜，亦文章之中興也㉝。

永嘉時㉞，貴黃老，稍尚虛談㉟。于時篇什，理過其辭㊱，淡乎寡味。爰及江表㊲，微波尚傳，孫綽、許詢、桓、庾諸公，詩皆平典似道德論㊳，建安風力盡矣㊴。

先是郭景純用儁上之才，變創其體㊵，劉越石仗清剛之氣，贊成厥美㊶。然彼衆我寡，未能動俗。

逮義熙中㊷，謝益壽斐然繼作㊸。元嘉中㊹，有謝靈運，才高詞盛，富豔難蹤㊺，固已含跨劉、郭，陵轢潘、左㊻。

故知陳思爲建安之傑，公幹、仲宣爲輔；陸機爲太康之英㊼，安仁、景陽爲輔；謝客爲元嘉之雄，顏延年爲輔㊽。斯皆五言之冠冕，文詞之命世也。

夫四言，文約意廣㊾，取效風騷，便可多得。每苦文繁而意少，故世罕習焉㊿。五言居文詞之要，是衆作之有滋味者也(51)。故云會於流俗。豈不以指事造形，窮情寫物，最爲詳切者耶。

故詩有三義焉(52)：一曰興，二曰比，三曰賦。文已盡而義有餘，興也；因物喻志，比也；直書其事，寓言寫物，賦也(53)。弘斯三義，酌而用之(54)，幹之以風力，潤之以丹彩(55)，使味之者無極，聞之者動心(56)，是詩之至也。若專用比興，則患在意深，意深則詞躓(57)。若但用賦體，則患在意浮，意浮則文散，嬉成流移，文無止泊，有蕪漫之累矣(58)。

若乃春風春鳥，秋月秋蟬，夏雲暑雨，冬月祁寒，斯四候之感諸詩者也(59)。嘉會寄詩以親，離羣託詩以怨。至於楚臣去境(60)，漢妾辭宮(61)；或骨橫朔野，或魂逐飛蓬；或負戈外戍(62)，殺氣雄邊；塞客衣單，孀(63)閨淚盡；或(64)士有解佩出朝(65)，一去忘返；女有揚蛾入寵，再盼傾國(66)。凡斯種種，感蕩心靈，非陳詩何以展其義；非長歌何以騁其情(67)。故曰：「詩可以羣，可以怨(68)。」使窮賤易安，幽居靡悶，莫尚於詩矣(69)。

故詞人作者，罔不愛好。今之士俗，斯風熾矣。纔能勝衣，甫就小學，必甘心而馳騖焉。於是庸音雜體，人(70)各爲容。至使膏腴子弟，恥文不逮，終朝點綴，分夜呻吟。獨觀謂爲警策，衆覩終淪平鈍(71)。次有輕薄之徒(72)，笑曹、劉爲古拙(73)，謂鮑照羲皇上人，謝脁今古獨步(74)。而師鮑照，終不及「日中市朝滿」(75)；學謝脁，劣得「黃鳥度青枝」(76)。徒自棄於高聽，無涉於文流矣(77)。

觀王公縉紳之士，每博論之餘，何嘗不以詩爲口實。隨其嗜欲，商確(78)

不同，淄澠竝汎，朱紫相奪，喧議競起，準的無依。近彭城劉士章(79)，俊賞之士，疾其淆亂，欲爲當世詩品，口陳標榜。其文未遂，感而作焉。

昔九品論人(80)，七略裁士(81)，校以賓實，誠多未值。至若詩之爲技，較爾(82)可知。以類推之，殆均博弈(83)。方今皇帝，資生知之上才(84)，體(85)沉鬱之幽思，文麗日月，賞究天人(86)。昔在貴游，已爲稱首(87)。況八紘既奄(88)，風靡雲蒸。抱玉者聯肩，握珠者踵武(89)。以瞰(90)漢魏而不顧，吞晉宋於胸中。諒非農歌轅議(91)，敢致流別。嶸之今錄，庶周旋於閭里，均之於談笑爾(92)。(93)

①【注】隋書經籍志列有詩評三卷。註云：「鍾嶸撰。或曰詩品。」案：梁書本傳及唐、宋各志，均作詩評。品者，稱述品藻，定其高下也。九品論人，厥爲時尚；賞譽品藻，見於新語。棊品（沈約）、書品（庾肩吾）以之見傳，（棊品、圍棊品之撰者，尙有多人。又有梁官品格、古畫品、海內史品等，多爲齊梁時人之作。）仲偉序云：「彭城劉士章欲爲當世詩品，口陳標榜，其文未遂，感而作焉。」列古今作者爲三品，亦是等差之意，故當作詩品。四庫全書總目卷一百九十五詩文評類一云：「詩品三卷。梁鍾嶸撰。……所品古今五言詩，自漢魏以來一百有三人（案：詩品序云凡百二十人，舉成數也。今本得一百二十三家。）。論其優劣，分爲上中下三品，每品之首，各冠以序。皆妙達文理，可與文心雕龍竝稱。近

時王士禎極論其品第之間多所違失，然梁代迄今邈踰千祀，遺篇舊製，什九不存，未可以掇拾殘文，定當日全集之優劣。惟其論某人源出某人，若一一親見其師承者，則不免附會耳。」

案：今本詩品三卷，如夷門廣牘本、顧氏文房小說本、說海彙編本、續百川學海本、螢雪軒本、漢魏本、詩觸本、說郛本等，於每卷之首，各冠以序。獨何文煥歷代詩話本集三序置之篇首，近人古直、陳延傑、許文雨、葉長青、汪中、李徽教諸子，並沿其例。車柱環氏重爲排比，有序有跋，與今見各本不同。梁書鍾嶸本傳所錄，僅上品序全文，嚴可均全梁文亦同。古今圖書集成亦題曰：上品序、中品序、下品序。故今仍詩品之舊，分置於三卷之首。

郭著中國文學批評史云：「是書晦於宋以前，而顯於明以後。故唐宋類書除吟窗雜錄節引數語外，餘如藝文類聚、初學記、北堂書鈔、太平御覽、事類賦注等書，均未見稱引，而明清叢書中則屢見採輯。今就見於各叢書者錄之，有稗史集傳本、說郛本、夷門廣牘本、格致叢書本、天都閣藏書本、顧氏文房小說本、四十家小說本、續百川學海本、漢魏叢書各本、津逮秘書本、對雨樓叢書本、諸子百家精華本、四部備要本、螢雪軒叢書本，尚有一瓻筆存本，係鈔本。」許文雨文論講疏注詩品云：「尚遺嚴可均輯全梁文本、鄭文焯手校津逮本。就上列各本詩品言之，今人趙萬里獨推重擇是居叢書本，以該本據明正德元年退翁書院鈔本開雕，時有勝義，足供校勘也。」案：尚有學津討源本、龍威秘書本、玉雞苗館叢書本、談藝珠叢本、說海本、詩觸本、歷代詩話本。近人箋注有：張陳卿疏釋、陳延傑注、古直箋、葉長青集釋、許文雨講疏、陳衍平議、杜天縻注、王叔岷疏證、汪中注、立命館疏（日本）、李徽教彙注（韓國）、及黃侃講疏（未刊行，范文瀾文心雕龍注多所摘引）。校勘則有韓國車柱環校證、補校證、日本高松亨明校勘。

又，上品十二家皆著其淵源；中品三十九人，源流可得者十八家，下品凡七十二子，溯其本者僅九人，餘皆從略。（近人陳延傑讀詩品一文，逐一爲其沿波討源以補鍾氏之罅。）

②【注】案：鍾嶸傳見梁書卷四十九文學傳上及南史卷七十二。本書附南史鍾嶸本傳，可參閱。嶸字仲偉，潁川長社人（今河南長葛縣），居於安徽巢縣。生卒年均不詳，據本傳推測，約生於宋明帝泰始初年（西元四六五至四六八之間），卒於西元五二〇至五三〇之間。曾官晉安王記室，故後世或稱鍾記室。其可知世系如下：

七世祖鍾雅（字彥冑，晉侍中）——從祖鍾憲（齊正員郎，詩品列之下品）——父鍾蹈（齊中軍參軍）——鍾嶸

兄鍾岏（字長丘，建康令）

弟鍾嶼（字季望，永嘉郡丞）

③【注】禮記樂記：「地氣上齊，天氣下降，陰陽相摩，天地相蕩，鼓之以雷霆，奮之以風雨，動之以四時，煖之以日月，而百化興焉。」

禮記樂記：「夫物之感人無窮，而人之好惡無節，則是物至而人化物也。」

案：曹子桓倡文氣論，可謂以氣論文之先導。而仲偉更以「氣」、「物」、「人」之關係而推衍至詩歌之產生表現，究其根源，則以「氣」爲本，由氣而動物，由物而感人。毛序則以爲「詩者志之所之也，在心爲志，發言爲詩」。二者相較，可見出鍾氏詩觀非爲傳統經生之論。

④【注】案：鍾記室開宗明義說明詩之本質乃心物相感相應，發乎情，形諸聲色舞詠者也。故序又云：「若乃春風春鳥，秋月秋蟬，……非長歌何以騁其情。」文心雕龍物色篇：「春秋代序，陰陽慘舒，物色之動，心亦搖焉。」又明詩篇：「人稟七情，應物斯感，感物吟志，莫非自然。」足與仲偉之言相發。

⑤【校】車柱環詩品校證：「梁書本傳『照燭』上多『欲以』二字，疑意加。」案：吟窗雜錄本亦多「欲以」二字。

【注】周易說卦：「立天之道，曰陰與陽；立地之道，曰柔與剛；立人之道，曰仁與義。兼三才而兩之，故易六畫而成卦。」易繫辭傳：「天地人爲三才。」

文心雕龍原道篇：「仰觀吐曜，俯察含章，高卑定位，故兩儀既生矣。惟人參之，性靈所鍾，是謂三才。」

⑥【校】陳延傑詩品注作「煇」，梁書嶸傳作「輝」。「暉」「煇」「輝」互通。

⑦【校】梁書本傳、夷門廣牘本、顧氏文房小說本、學津討源本、詩觸本、陳注本「祇」作「祗」，誤。當作「祇」。

⑧【注】毛詩大序：「故正得失，動天地，感鬼神，莫近於詩。」禮記樂記：「歌者直己而陳德也，動己而天地應焉。」

案：自「照燭三才」至「莫近於詩」，係論詩歌之偉大效用。中國文學觀念之澄清，實推源於典論論文，曹丕視文學爲經國之大業，不朽之盛事。仲偉更觸及文學精微幽邈之處，心志搖蕩，形諸手足舞蹈歌唱永言。然其效用，非徒自我之陶鎔渲洩，抑亦含深邃不可測之神秘力量。此力量雖神秘，但透過詩之創造能確確實實而獲致。儒家文學批評觀，每以政教善惡衡量詩之動機及效用（如大序：「亡國之音哀以思，其民困。」），文學由古老的傳統觀念純化，可自此見出。

又，仲偉「靈祇待之以致饗，幽微藉之以昭告」之言，雖胎源於詩序「動天地感鬼神」，然細考其文義，毛序偏重於樂歌祭祀之效，及人君政教德化之功，自與鍾序之純文學詩之動天地感鬼神不同。

⑨【注】家語辨樂解：「舜彈五絃之琴，歌南風之詩，其詩云：『南風之薰兮，可以解吾民之慍

兮。南風之時兮，可以阜吾民之財兮。』」案：王肅家語爲僞書，崔東壁考信錄言之甚詳。

⑩【注】尚書大傳：「舜時將禪禹，於時俊乂百工，相和而歌曰：『卿雲爛兮，糾縵縵兮，日月光華，旦復旦兮。』」案：大傳乃緯書。

⑪【注】古文尚書五子之歌：「……嗚呼曷歸，予懷之悲。萬姓仇予，予將疇依。鬱陶乎予心，顏厚有忸怩。弗愼厥德，雖悔可追。」案：據今人考證，多以古文尚書爲僞書。

⑫【注】屈原離騷：「名余曰正則兮，字余曰靈均。」

⑬【校】車校證：「梁書嶸傳、麈史引『是』上並有『略』字，梁文紀本、全梁文本並同。有『略』字，文意較勝。略與全對言。」案：吟窗雜錄本「是」上有「略」字，省「然」字。

【注】案：記室以「鬱陶乎予心」、「名余曰正則」爲五言之濫觴，差矣。家語爲僞書，古文尚書不可盡信，楚辭句法參差，未若以詩經爲例，如小雅「北山」、大雅「緜」，通篇五言；小雅「正月」、召南「行露」，亦數見五言，至若孟子引孺子歌、李延年李夫人歌，是皆五字之句。李彙注言仲偉通博，不舉毛詩五言句，非不見風雅也，乃概括之意也。李說嫌曲護。

⑭【校】梁書本、吟窗雜錄本、許講疏本作「五言之目」，無「矣」字。餘各本並有「矣」字，如夷門廣牘本、漢魏本、螢雪軒本、陳注本等。

【注】文心明詩篇：「至成帝品錄，三百餘篇，朝章國采，亦云周備，而辭人遺翰，莫見五言。

所以李陵班婕妤見疑於後代。」

顏延年庭誥：「逮李陵衆作，總雜不類，元是假託，非盡陵制。」

釋皎然詩式：「五言周時已見濫觴，及乎成篇，則始於李陵蘇武。」

案：李陵與蘇武詩，情辭悽怨，詩調嫻熟，不類炎漢之製，後人考證甚詳，可參見文心雕龍明詩篇范注引黃侃詩品疏條。

⑮【注】文心明詩：「古詩佳麗，或稱枚叔，其孤竹一篇，則傅毅之詞，比采而推，兩漢之作乎。」

案：參見本書上品古詩條註一。

⑯【注】漢書藝文志詩賦略載：王褒賦十六篇，揚雄賦十二篇，枚臯賦百二十篇，司馬相如賦二十九篇。

班固兩都賦序：「武宣之世……故言語侍從之臣，若司馬相如、虞丘壽王、東方朔、枚臯、王褒、劉向之屬，朝夕論思，日月獻納；而公卿大夫倪寬、太常孔臧、太中大夫董仲舒、宗正劉德、太子太傅蕭望之等，時時間作。或以抒下情而通諷諭；或以宣上德而盡忠孝，雍容揄揚，著於後嗣，抑亦雅頌之亞也。故孝成之世，論而錄之，蓋奏御者千有餘篇，而後大漢之文章，炳焉與三代同風。」

漢志詩賦略：「春秋之後，周道寖壞，聘問歌詠不行於列國，學詩之士逸在布衣，而賢人失志之賦作矣。……漢興，枚乘、司馬相如下及揚子雲，競爲侈麗閎衍之詞，沒其風諭之義。」

案：漢興，文運替遭，六藝之附庸，蔚爲大國，而風雅式微。武宣同好，妙善辭賦；枚馬聞風，齊務雕蟲。仲偉知勢使之然，故云：「辭賦競爽，吟詠靡聞。」

⑰【校】吟窗雜錄本作「從李至班婕好將百年間，有婦人焉，一人而已。」古籤本脫「將百年間」四字。

【注】「漢都尉李陵」、「漢婕好班姬」，俱見上品。

陳延傑詩品注引詩藪曰：「按蘇李同見文選，詩品標李爲五言宗，而蘇絕不入品。又古詩或謂枚乘，而嶸以枚馬之徒，吟詠靡聞，蓋嶸與昭明同世，文選未盛行，而玉台爲後出故也。」

許文雨文論講疏：「此可證卓文君白頭吟王昭君怨詩，皆非本人作。」

車校證：「范文瀾云：『不計婦人，惟李陵一人而已。』（見其文心雕龍注二附錄鍾嶸詩品上品序注）案，范說是也。論語泰伯篇：『武王曰：予有亂臣十人。孔子曰：……有婦人焉，九人而已。』孔疏：『……然尚有一婦人，其餘九人而已。』與此同例。」

⑱【校】各本多作「已」，夷門本作「以」。

⑲【校】車校證：「梁書嶸傳引『文』下有『致』字，全梁文本同。有致字，文義較勝，『文致』與『質木』對文，謂文采風致也。」又，吟窗雜錄本作「質而無文」。

【注】班固，見下品，丁福保全漢詩載其詠史詩。

許學夷詩源辨體卷三曰：「班固五言詠史一篇，則過於質直。鍾嶸云：『班固詠史，質木無文』是也。」

案：鍾嶸謂「李陵始著五言之目」，「古詩固是炎漢之製」，復謂「東京二百載中，惟有班固詠史，質木無文。」據今人考證，五言詩縱或見於西漢，亦當屬草創，其體未大行，若十九首一字千金之作，必有待於後漢。

又，東京五言，有主名復見諸詩品各品者，有秦嘉（贈婦詩三首）、許淑（答秦嘉詩一首）、趙壹（疾邪詩二首）、酈炎（見志詩二首），此處仲偉但云「唯有班固詠史」，於理難明。李徽教氏即疑「惟有班固詠史」句中之「惟」字爲「雖」字之形誤（見其詩品彙注），此說或近是，然各本皆作「惟」，不敢遽改。或以爲古詩既是炎漢之製，便不止李都尉等三人，所以如是言者，蓋以古詩無主名，不入「詩人之作」耳，非矛盾也。「惟有班固詠史，質木無文」，蓋以其缺「詩人之風」。秦嘉等四家詩雖列入品，或亦以其缺「詩人之風」，故序中不舉之歟。中品秦嘉又云：「爲五言者，不過數家，而婦人居二」，則與序所云有婦人焉，一人而已，惟有班固詠史，皆不合。蓋序分東西漢而言，此合言之也。

⑳【注】建安，漢獻帝第三年號，自西元一九六年至二二〇年。

㉑【注】曹操及丕、植諸子也。分見於下品、中品、上品。

㉒【注】案：建安十六年，曹植封爲平原侯。兄弟指植與丕也。蓋丕、植並稱，堪爲文棟。古箋以平原兄弟乃指植與彪，非是。文心明詩篇：「文帝陳思，縱轡以騁節。」亦以丕、植並舉。

㉓【注】案：劉楨、王粲皆入上品。序又云：「故知陳思爲建安之傑，公幹仲宣爲輔。」

㉔【校】擇是居本，對雨樓本「計」作「年」，誤。

㉕【注】王夫之薑齋詩話卷下曰：「建立門庭，自建安始。」

曹丕典論論文：「今之文人，魯國孔融文舉、廣陵陳琳孔璋、山陽王粲仲宣、北海徐幹偉長、陳留阮瑀元瑜、汝南應瑒德璉、東平劉楨公幹，斯七子者，於學無所遺，於辭無所假，咸以自騁驥騄於千里，仰齊足而並馳。」曹植與楊德祖書：「今世作者，可略而言也。昔仲宣獨步於漢南，孔璋鷹揚於河朔；偉長擅名於青土，公幹振藻於海隅；德璉發跡於此魏，足下高視於上京。當此之時，人人自謂握靈蛇之珠，家家自謂抱荆山之玉。吾王於是設天網以該之，頓八紘以掩之，今悉集茲國矣。」文心時序篇：「自獻帝播遷，文學蓬轉；建安之末，區宇方輯。魏武以相王之尊，雅愛詩章；文帝以副君之重，妙善辭賦；陳思以公子之豪，下筆琳瑯；並體貌英逸，故俊才雲蒸。仲宣委質於漢南，孔璋歸命於河北，偉長從宦於青土，公幹徇質於海隅，德璉綜其斐然之思，元瑜展其翩翩之樂；文蔚、休伯之儔，子叔、德祖之侶，傲觴豆之前，雍容衽席之上，灑筆以成酣歌，和墨以藉談笑。」

案：漢武帝獨尊儒術，勸以官祿，學者莫不習禮研樂，故兩漢文士爲文必緣傍經義。逮及建安，始變易前轍，魏武父子，雅好斯文，登高而賦，王粲劉楨，如衆星之拱北辰，各騁文采。故其時，仕進多用文辭，而罕由經術，文學彬彬大盛。

㉖【校】夷門廣牘本、學津討源本「爾後」作「是後」。餘各本多作「爾後」，作「爾後」較勝。

【注】案：指魏正始年間。文心明詩篇，「正始明道，詩雜仙心。何晏之徒，率多浮淺。唯嵇志清峻，阮旨遙深，故能標焉。」

㉗【注】太康，晉武帝第三年號，自西元二八〇年至二八九年。

㉘【注】案：張載及其弟協、亢。載列下品，協居上品，唯張亢詩品不載。晉書卷五十五：「時人謂載、協、亢、陸機、雲，曰二陸、三張。」

㉙【注】陸機陸雲兄弟也。機在上品，雲下品。

㉚【注】潘岳及從子尼也。岳上品，尼中品。

㉛【注】左思也，列上品。

㉜【校】梁書嶸傳、對雨樓本、擇是居本、學津討源本、螢雪軒本、五朝小說本、陳注本、許講疏本等「沫」作「沬」。「沫」「沬」音義俱不同，當作「沬」爲是。

㉝【注】文心明詩篇：「晉世群才，稍入輕綺。張潘左陸，比肩詩衢。采縟於正始，力柔於建安。或析文以爲妙，或流靡以自妍。」

㉞【注】永嘉，晉懷帝年號，自西元三〇七年至三一三年。

㉟【校】梁書本傳無「稍」字。

㊱【注】宋書謝靈運傳論：「有晉中興，玄風獨扇，爲學窮於柱下，博物止乎七篇。馳騁文辭，義殫乎此。自建武暨於義熙，歷載將百，雖比響連辭，波屬雲委，莫不寄言上德，託意玄珠，遒麗之辭，無聞焉爾。」

案：漢末，天下紛亂，儒學式微，玄言代之而興。何晏、王弼、鍾會、阮籍等解論語、周易，時雜玄意；仲長統述志詩，嵇康秋胡行，通首不離莊老情懷。永嘉時，中朝文士，多已遇害，三張、二陸、兩潘、一左，幾無存焉，詩風復衰，而學者但以莊老立說，此時「玄風既扇，辭多平淡，文寡風力。」（隋書經籍志語）故下品王濟條乃云：「永嘉以來，清虛在俗，王武子輩詩，貴道家之言。」至若永嘉以後詩人，傳者絕少，迨亦淡乎寡味，難以傳世。

㊲【注】江表，江南也。懷帝永嘉五年洛陽陷，晉室渡江，都於建康，是爲東晉。

㊳【校】車校證：「梁書嶸傳引『皆』上無『詩』字，全梁文本同。有詩字，文意較完。津逮秘書本、學津討源本、四部備要本『詩』皆誤作『時』。」

【注】案：孫綽今傳詩四首；丁福保全晉詩只收許詢詩四句，二人皆入下品。桓溫、庾亮見於下品孫綽許詢條中，庾詩不傳。

世說新語文學篇注引續晉陽秋云：「過江佛理尤盛，……詢及太原孫綽轉相祖尚，又加三世之辭，詩騷之體盡矣。」

文心明詩篇：「江左篇製，溺乎玄風，嗤笑徇務之志，崇盛亡機之談，袁、孫以下，雖各有雕采，而辭趣一揆，莫與爭雄。」又時序篇：「自中朝貴玄，江左稱盛，因談餘氣，流成文體。是以世極迍邅，而辭意夷泰，詩必柱下之旨歸，賦乃漆園之義疏。」

藝概卷二：「鍾嶸詩品稱『孫綽、許詢、桓、庾諸公，詩皆平典似道德論。』此由乏理趣耳，夫豈尚理之過哉。」

許講疏：「孫許之詩，未盡平典，亦間有研練之詞。」案：許氏專取一二詩句，且雜以江淹擬詩，失考；未若記室平允。況今傳諸什，乃經長期淘汰，去蕪存菁，仲偉去晉未遠，所見自較豐。今傳江文通擬孫廷尉雜述詩，比之孫綽秋日，淡乎寡味多矣。

㊴【校】梁書本傳作「建安之風盡矣。」

【注】案：漢末溷濁，戰禍縣延，其時文士，每苦離亂，故慷慨任氣，多風塵之音。至於有晉，文士動輒取咎，若阮旨遙深，良有以也。逮及江左，避罪保身，清言虛談之風益熾，枯淡靜寂，直如老僧入定，理勝於情，建安風力盡矣。故文心時序云：「文變染乎世情，興廢繫乎時序。」下品殷仲文條云：「晉宋之際，殆無詩乎。」同玆感慨。

㊵【注】郭璞字景純，見中品。

文心明詩篇：「江左篇製，溺乎玄風。……所以景純仙篇，挺拔而爲俊矣。」案：郭璞遊仙諸作，艷逸奇肆，得詩之情趣，非淡乎寡味者可比，故云變創。

㊶【注】劉琨字越石，見中品。

文心才略篇：「劉琨雅壯而多風。」案：劉琨半生戎馬，悵恨以終。詩多悲黍離、感末路，一反理趣。

又，劉琨生卒年皆較郭璞略早（劉二七〇—三一七，郭二七六—三二四），故許學夷嘗謂：「景純變創，越石贊成，則失考矣。」

㊷【注】義熙，晉安帝第三年號，自西元四〇五年至四一八年。

㊸【注】案：謝混字叔源，小字益壽。見中品。宋書謝靈運傳論：「叔源大變太元（晉孝武帝）之體。」世說文學篇注引續晉陽秋曰：「至過江佛理尤盛……自此學者悉體之，至義熙中謝混始改。」

㊹【注】元嘉，宋文帝年號，自西元四二四年至四五三年。

㊺【注】謝靈運小字客兒，襲封康樂公。見上品。

案：詩品以謝靈運收束上品，尋山陟嶺，發爲山水詩；鏤奇鑿精，別開蹊徑。故文心明詩篇云：「宋初文詠，體有因革。莊老告退，而山水方滋。儷采百字之偶，爭價一句之奇；情必極貌以寫物，辭必窮力而追新，此近世之所競也。」

㊻【注】劉、郭、潘、左，指劉琨、郭璞、潘岳、左思也。

許講疏：「仲偉以爲靈運才高則含跨劉琨、郭璞；詞盛則陵轢潘岳、左思，亦猶元稹謂杜兼昔人獨專之意。」

葉集釋引葉瑛謝靈運文學：「詩品上『永嘉時貴黃老』，至『陵轢潘左』。觀此，益見謝於當時，轉移風氣之功，卓絕前後。本傳稱其在始寧時，每有一詩至都邑，貴賤莫不競寫。宿昔之間，士庶皆遍，遠近欽慕，名動京師。可見當時影響之廣，故能丕變古風特鑄新局也。」

㊼【注】案：晉世詩人，入上品者除陸機外，尙有阮籍、潘岳、張協、左思。仲偉特以士衡爲首。而滄浪詩話則曰：「晉人舍陶淵明、阮嗣宗外，唯左太沖高出一時，陸士衡獨在諸公之下。」黃子雲野鴻詩的云：「平原當偶爲茂先一語之褒，故得馳名江左，昭明喜其平調，又多采錄，後因沿襲而不覺，實晉詩中之下乘也。」上下竟有如是之別，大抵詩品所評，非徒以個人好尙，亦當時持中之論也。

㊽【注】許學夷詩源辨體卷三十五：「鍾嶸詩品，言『陳思爲建安之傑』，至『顏延年爲輔』，乃當時衆論所同，非一人私見也。」

㊾【校】顧氏文房小說本、說郛本、詩觸本、山堂考索本、擇是居本、對雨樓本、漢魏叢書本、龍威本、「文約意廣」並作「文約易廣」。王叔岷以爲當從之，云：「四言每句僅四字，易

廣其詞，故曰：『文約易廣』也。」車校證：「作『意』則與下文『意少』乖舛。蓋由『易』與『意』聲近，又涉下文『意少』而誤。」

⑩【注】文心明詩篇：「若夫四言正體，則雅潤爲本；五言流調，則清麗居宗。」摯虞文章流別論：「夫詩雖以情志爲本，而以成聲爲節，然則雅音之韻，四言爲正，其餘雖備曲折之體，而非音之正也。」（又後人如李白等亦持此論）許講疏：「案，四言至是時，早不能抗行三百。文益繁而習益儆，故仲偉言之云爾。非謂四言本無足爲也。」案：劉勰摯虞揭崇聖尊經之大纛，實則其時四言式微，若魏武蒼涼，靖節風華，不遜風雅者，直如片羽吉光；五言騰踊，乃勢之所趨。夫四言，雅正平和，不爲激切之音，然紆旋周轉，餘音跌蕩，難同五言。一字之增，風情迥異。且四言詩一句之中，僅得四字，文簡而意遠；節拍單純，亦不若五言之矯健回旋，故通首多以複沓之法，反覆詠唱，仲偉所謂四言「文約意廣」、「文繁意少」，或指此歟！

⑪【注】南齊書文學傳論：「五言之製，獨秀衆品。」

⑫【校】車校證：「天都閣本、顧氏文房小說本、對雨樓本、擇是居叢書本、五朝小說本、說郛本、梁文紀本、古逸書本、漢魏本、廣漢魏叢書本、學詩津逮本、全梁文本、龍威秘書本、文學古籍刊行社本，『三』皆作『六』，梁書嶸傳、山堂考索、稗編七三、彙苑詳註三一、廣博物志二九、文章緣起注、天中記三七、子史精華六七、南北朝文鈔引皆同。此作六蓋

詩品之舊（參看兪樾古書疑義舉例三，以大名代小名例條）。左思三都賦序有云：『蓋詩有六義焉。其二曰賦。』與此例近。作『三義』蓋後人因下文僅舉興、比、賦三意而意改。」

王疏證：「案學津討源本，津逮秘書本，六並作三。下文僅僅標興、比、賦，三義，則作三是也。」

案：夷門廣牘本、螢雪軒本、陳注本、古箋本、許講疏本、汪注本、立命館疏本，作「三」。以文義觀之，「三」勝於「六」。以板本言之，各本多作「六義」，且六義爲習見之語，則「六」又勝於「三」矣。

【注】毛詩序曰：「詩有六義焉。一曰風，二曰賦，三曰比，四曰興，五曰雅，六曰頌。」案：風雅頌，詩之體也，三百篇之編次。賦比興，詩之法也，詞人之準則。鍾氏或據此而云三義。

(53)

【注】案：毛序經生之見，不離美刺；鍾品文士之情，唯求詩心。亦時運遭替，殊途異轍也。今錄孔疏三義相參證：「賦之言鋪，直鋪陳今之政教善惡。比，見今之失，不敢斥言，直比類以言之。興，見今之美，嫌於媚諛，取善事以喻勸之。」

(54)

【注】案：記室以爲詩之表達，比興與賦體當酌而用之，不可偏廢。故云：「若專用比興，患在意深……但用賦體，患在意浮……。」

(55)【注】古箋：「案文心雕龍特標風骨、情采二篇。仲偉所云『風力』、『丹采』，蓋卽彥和之風骨、情采也。」

案：若陳思「骨氣奇高，詞采華茂」，仲偉亟稱之，譬之周孔，故知兩者當兼具，方臻善境。

(56)【注】案：歷來論詩，多宗毛序，經生之見，深植人心。仲偉特重比興諷諭之致，在於「使味之者無極，聞之者動心」，純爲詩人之感發。

(57)【注】案：若阮籍詠懷，厥旨淵放，歸趣難求，是其例。

(58)【注】案：賦乃六義之一，若漢司馬相如諸家，專取鋪采摛文之法，雖不離諷喻，然辭浮於意，故揚子雲嘆云：「雖讀千賦，愈惑體要。」

又，王粲公讌詩，只感恩歸美之意，卽蕪漫之類；而劉楨贈五官中郎將第一首，鋪敘淺顯，卽意浮文散之類。

(59)【注】文心物色篇：「春秋代序，陰陽慘舒，物色之動，心亦搖焉。蓋陽氣萌而玄駒步，陰律凝而丹鳥羞。微蟲猶或入感，四時之動物深矣。……是以獻歲發春，悅豫之情暢；滔滔孟夏，鬱陶之心凝；天高氣清，陰沈之志遠；霰雪無垠，矜肅之慮深。歲有其物，物有其容；情以物遷，辭以情發。……是以詩人感物，聯類不窮。」此與仲偉說可相發。

(60)【校】擇是居本、對雨樓本，「境」作「楚」，蓋涉上「楚」字而誤。

【注】史記太史公自序：「屈原放逐著離騷。」

61【注】案：王嬙字昭君，漢和親，以嬙賜匈奴，古樂府有昭君怨。黃山谷聽宋宗儒摘阮歌：「楚國羈臣放十年，漢宮佳人嫁千里。」即本於此。或曰漢妾指班姬，非也。

62【校】「外戍」，擇是居本、漢魏叢書本、詩觸本、夷門廣牘本、顧氏文房小說本、續百川學海本、說郛本、龍威秘書本，並作「外戎」，非是。當作「外戍」。歷代詩話本、螢雪軒本、陳注本、許講疏本、車校證本不誤。

63【校】梁書本傳作「霜」。

64【校】夷門廣牘本「或」作「戎」；詩觸本、漢魏叢書本、龍威秘書本、螢雪軒本，「或」作「文」。

65【注】葉集釋：「袁淑倣曹子建樂府白馬篇：『影節去函谷，投珮出甘泉。』呂延濟注：『影節，死信也，投珮謂去官也。言分義之人，或以死信去國，或以憤怒而出。』」

66【注】全漢詩李延年歌曰：「北方有佳人，絕世而獨立。一顧傾人城，再顧傾人國。寧不知傾城與傾國，佳人難再得。」

案：文心雕龍首揭文變染乎世情之義，時序篇言之詳矣。仲偉益以情辭得之境遇之說，亦卓然立論。

67【注】參見注八。

⑱【注】論語陽貨篇：「詩可以興，可以觀，可以群，可以怨。」

⑲【注】案：詩品之可貴，在於仲偉往往有卓然不群之見，此數語標出詩之「無用之用」，誠藝術之大用也。

⑳【校】車校證：「曹植與楊德祖書有云：『人人自謂握靈蛇之珠，家家自謂抱荆山之玉。』此作『各各』，與『人人』、『家家』同例。今本作『人各』，『人』字疑後人意改。梁書嶸傳、廣博物志、古今文鈔引皆作『各爲家法』，古逸書本、全梁文本並同，蓋亦意改。顧氏文房小說本，對雨樓本、擇是居本、五朝小說本、說郛本、漢魏本、廣漢魏本、學詩津逮本、龍威秘書本、五朝小說大觀本、螢雪軒本，『人各』皆作『各各』，山堂考索，稗篇引並同，疑是詩品之舊。」案：續百川學海本、詩觸本、「人」亦作「各」。

㉑【注】案：顏氏家訓文章篇：「今世文士，一事愜意，一句清巧，神厲九霄，志凌千載，自吟自賞，不覺更有旁人。」此與仲偉之慨同。

㉒【校】梁書嶸傳、全梁文本、南北朝文鈔，「輕薄」作「輕蕩」。

㉓【注】案：曹劉，指曹植、劉楨也，並見上品。仲偉予二子極高評價，讚其「骨氣其高，詞采華茂」，「眞骨凌霜，高風跨俗。」詩藪內篇卷二：「建安首稱曹、劉。陳王精金粹璧，無施不可；公幹才偏氣過詞。」

㉔【校】擇是居叢書本作「鮑照」。夷門廣牘本、顧氏文房小說本、吟窗雜錄本、龍威本、漢魏本、

說郛本等並作「鮑昭」，蓋今傳各本，最早爲明翻刻本，避明武帝諱也。螢雪軒本、陳注本、許講疏本並沿其例。詩品之舊，當作「鮑照」，中品鮑照條同此。百衲本宋書、南史、隋書、舊唐書俱刻於宋、元，皆作「鮑照」，無作「鮑昭」者，是其證。夷門廣牘本、顧氏文房小說本、續百川學海本、說郛本、學海彙編本、漢魏叢書本、詩觸本、螢雪軒本等「謝朓」誤作「謝眺」。

【注】鮑照、謝朓并見中品。

陳注：「此蓋譏鮑照詩之古質也。」案：陳注非是。鮑詩驚挺險急，焉得譏其古質？考其文義，蓋指輕薄之徒，譽鮑照爲義皇上人，謝朓爲今古獨步，從而宗之。故云：「師鮑照，終不及日中市朝滿」，「學謝朓，劣得黃鳥度青枝」。又證之詩品中評鮑參軍謂：「然貴尚巧似，不避危仄，頗傷清雅之調，故言險俗者，多以附照。」評謝朓云：「善自發端，而末篇多躓，此意銳才弱也。至爲後進士子之所嗟慕。」益可證。故許文雨亦云：「鮑詩之流爲梁代側艷之詞，及此體之風靡一世，均於此覘之。」

⑺5【注】鮑照代結客少年場行詩：「日中市朝滿，車馬若川行。」

⑺6【注】劣得，僅得也。水經濁漳水注：「以木爲偏橋，劣得通行。」

古箋：「虞炎玉階怨云：『紫藤拂花樹，黃鳥度青枝。』」案謝朓玉階怨云：『夕殿下珠簾，流螢飛復息。』仲偉謂炎學朓，僅得此句也。」許講疏：「上句謂師鮑照，不及鮑照之句，此句則謂學謝朓，所得獨此，尙遠遜於原作之『黃鳥』句也。」案：以許說之義勝。

77【校】梁書本傳作「高聽」，夷門廣牘本、顧氏文房小說本、說海本、說郛本、百川本、詩觸本、漢魏叢書本、龍威秘書本、許講疏本亦作「高聽」。歷代詩話本、螢雪軒本、陳注本、古箋本，作「高明」。

【注】案：鮑照、謝朓漸入新聲，已失古意，當時士子以此爲範，爲仲偉所不取。

78【校】螢雪軒本、漢魏叢書本、龍威秘書本、夷門廣牘本、顧氏文房小說本，「摧」作「確」，誤。他本或作「権」；當作「摧」。

79【注】南齊書卷四十八劉繪傳：「劉繪，字士章。彭城人。……繪爲後進領袖，機悟多能。時張融、周顒並有言工。融音旨緩韵；顒辭致綺捷；繪之言吐，又頓挫有風氣。」繪見下品。

80【注】案：漢書古今人表分古今人爲九等。魏晉以後，本此意制爲九品官人之法（魏志陳群傳：「制九品官人之法，群所建也。」）。以品第之高下，別人才之優劣。

81【注】漢書卷三十：「（劉）歆於是總群書，而奏其七略。故有輯略、有六藝略、有諸子略、有詩賦略、有兵書略、有術數略、有方技略。」

82【注】猶言顯然。

83【注】論語陽貨：「不有博弈者乎，爲之猶賢乎己。」古箋：「案，殆均博弈，謂品人難値，品詩易當。如博弈之技，勝負白黑，較爾可知也。」

王疏證：「案南朝人好博弈，並爲之品第，故仲偉引以爲喻。」案：王說爲是。齊梁各朝，博弈之風甚盛，於時棊品，圍棊品之作，洋洋乎大觀，如陸機棊品序、沈約棊品、梁武帝圍棊品、永明棊品、柳惲天監棊品。文心總術：「若夫善弈之文」，彥和亦以博弈喻文矣。

(84)【注】方今皇帝指梁武帝蕭衍。

論語季氏：「生而知之者，上也；學而知之者，次也；困而學之，又其次也；困而不學，民斯爲下矣。」

(85)【校】漢魏叢書本「體」字作「抱」。

(86)【校】「賞究天人」梁書本傳作「學究天人」。

(87)【注】案：初，武帝未受禪，與沈約、謝朓、王融、蕭琛、范雲、任昉、陸倕齊名，號曰竟陵八友。

(88)【注】案：猶言天下一統。紘，綱也。奄，撫有也。曹子建與楊德祖書：「吾王於是設天網以該之，頓八紘以掩之。今悉集兹國矣。」

(89)【注】曹植與楊德祖書：「人人自謂握靈蛇之珠，家家自謂抱荆山之玉。」

梁書文學傳序：「高祖聰明文思，光宅區寓，旁求儒雅，詔採異人，文章之盛，煥乎俱集。每所御幸，輒命群臣賦詩，其文善者，賜以金帛，詣闕庭而獻賦頌者，或引見焉。其在位者，則沈約、江淹、任昉，並以文采妙絕當時。至若彭城到沆，吳興丘遲、東海王僧孺、吳郡張率等，或入直文德，通讌壽光，皆後來之選也。」

⑩【校】「以」，龍威秘書本作「已」；陳注作「固以」；許講疏本作「固已」；梁書本傳、南北朝文鈔引「以」上有「固」字。「瞰」，梁書本傳作「睨」。

⑪【注】葉集釋：「案，農歌，如擊壤之類；轅議，如甯戚叩轅之類。」

案：農歌轅議謂俚俗作品，蓋仲偉之謙辭也。崔駰上四巡頌表：「唐虞之世，樵夫牧豎，擊轅中韶，感於和世。」曹植與楊德祖書：「夫街談巷說，必有可采，擊轅之歌，有應風雅。」

⑫【校】他本多作「耳」。「耳」、「爾」通。

⑬【注】案：梁書卷四十九鍾嶸傳所載詩品序，止於此。

## 古詩①

其體源②出於國風③。陸機所擬十四首④，文溫以麗，意悲而遠，驚心動魄，可謂幾乎一字千金⑤。其外，「去者日已疎」⑥四十五首，雖多哀怨，頗爲總雜。舊疑是建安中曹、王所製⑦。「客從遠方來」、「橘柚垂華實」，亦爲驚絕矣⑧。人代冥滅，而淸音獨遠，悲夫。

①【注】案：古詩眇邈，人世難詳，仲偉、彥和諸賢，去漢未遠，已有此歎。十九首之目，始見於

蕭統文選（見文選卷二十九雜詩類）。李善注云：「五言並云古詩，蓋不知作者。或云枚乘，疑不能明也。……昭明以失其姓氏，故編在李陵之上。」文心雕龍明詩篇亦云：「古詩佳麗，或稱枚叔；孤竹一篇，則傅毅之詞。比采而推，兩漢之作乎。」要之，如沈德潛之言：「十九首非一人一時之作。」世界書局古詩集釋等四種一書，於古詩探討頗詳，可參考。

②

**【校】**車校證：「以下評語『源』上皆無『體』字，惟首標出『體』字，文意較勝。凡言某人之詩源出某，皆指其詩體而言。」

李彙注引立命館疏云：「以下全章，言其系譜者：如就其李陵詩而云：『其源出於楚辭。』就其班婕妤詩而云：『其源出於李陵。』就其阮籍詩而云：『其源出於小雅。』常謂『其源出於某。』而不言『其體源出於某。』則此『體』字恐爲衍字也。然唯一吟窗雜錄本無『體』字，而他本率皆有之。」

案：吟窗雜錄本無「體」字；立命館疏以爲「體」爲衍字，「體」下並脫「源」字，不當。今傳各本並有「體」字。古詩總雜，然皆源出於國風，自成體格，蔚成大宗，後之摹者，多仿其體，故云。

**【注】**葉夢得石林詩話：「魏晉間詩人，大抵專攻一體，如侍宴、從軍之類，故後來相與祖習者，亦因其所長取之耳，謝靈運擬鄴中七子與江淹雜擬是也。梁鍾嶸作詩品，皆云出於某人，

亦以此。」

廖蔚卿鍾嶸詩品析論：「鍾嶸的體源論不將五言古詩放在一個固定的時空中加以批評，而要放在時間的古今之流中分析其源變，因此體源所構成的自成一家的創新風格。」

③【注】劉熙載藝概卷二云：「古詩十九首與蘇李同一悲慨。然古詩兼有豪放曠達之意，與蘇李之一於委曲含蓄，有陽舒陰慘之不同。知人論世者，自能得諸言外，固不必如鍾嶸詩品謂古詩出于國風，李陵出于楚辭也。」

案：詩品言詩，必述淵源，蓋取效於劉歆七略：某家者流，蓋出古者某官之掌。文心雕龍宗經篇，亦本此意。今傳古詩，氣象渾涵，得天地之正氣，讀之自覺躊躇滿志，百端交集，此國風之遺音。故梁啟超氏嘗云：「十九首第一點特色，在善用比興。比興本爲詩六義之二、三百篇所恆用，國風中尤什居七八。」（中國之美文及其歷史）。

又，仲偉以爲國風、楚辭乃詩之奧府（源出于小雅者僅阮籍一人），劉勰、沈約論詩亦祖同風騷，與鍾氏同調。若細爲分析，仲偉最重源出國風者，古詩、曹植，已臻至善，是皆國風之流；楚辭一脈，則多有瑕疵。玆表列源於國風者如下：

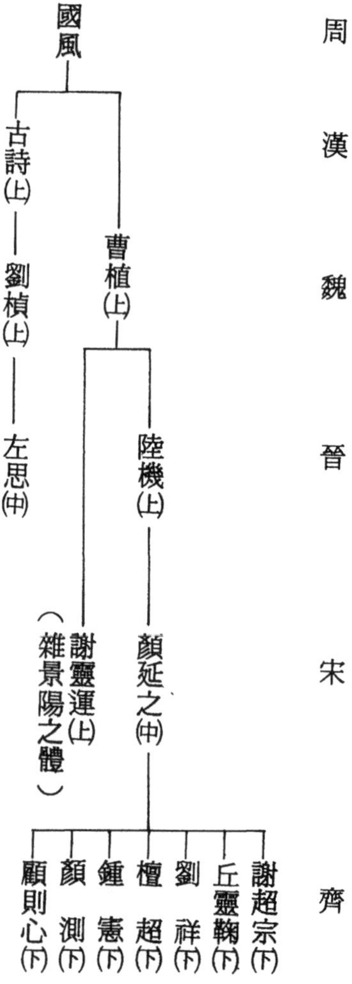

周　漢　魏　晉　宋　齊

國風
- 古詩(上)——劉楨(上)——左思(中)
- 曹植(上)
  - 陸機(上)——顏延之(中)
    - 謝超宗(下)
    - 丘靈鞠(下)
    - 劉　祥(下)
    - 檀　超(下)
    - 鍾　憲(下)
    - 顏　測(下)
    - 顧則心(下)
  - 謝靈運(上)（雜景陽之體）

（括號內之上中下，係指其品第）

④【注】案：陸機所擬，今存十二首：1.行行重行行，2.今日良宴會，3.迢迢牽牛星，4.涉江采芙蓉，5.青青河畔草，6.明月何皎皎，7.蘭若生春陽，8.青青陵上柏，9.東城高且長，10.西北有高樓，11.庭中有奇樹，12.明月皎夜光。玉台新詠所錄枚乘雜詩九首皆在此。又上舉十二首，惟「蘭若生春陽」一首不入文選十九首之中。

許講疏：「吳汝綸古詩鈔：『陸機所擬，今可見者十二首。鍾記室云十四首，蓋二篇亡佚。舊傳爲枚乘作者，殆此諸篇。玉台所錄枚乘雜詩皆在此。惟今日良宴會、青青陵上柏、明月皎夜光三首，以非玉臺體，徐陵不錄。而李善據遊嬉宛與洛，與驅車上東門，辨其非盡枚乘。知此三篇，舊必亦云乘作。陸所擬亡二篇，其一篇必驅車上東門矣。餘一篇不可復考。且詩品以此十四篇者驚心動魄，一字千金，而疑去者日以疏以下四十五首爲建安中曹王所製，玉臺亦以凜凜歲云暮，孟冬寒氣至，客從遠方來等詩篇，引爲古詩，不云枚乘，知此十四篇與餘篇，古自分劃，不雜廁也。』案吳說甚是。惟於陸氏篇章欠考。陸氏除行行重行行，今日良宴會，迢迢牽牛星，涉江採芙蓉，青青河畔草，明月何皎皎，蘭若生春陽，青青陵上柏，東城高且長，西北有高樓，庭中有奇樹，明月皎夜光十二章擬作外，其駕言出北闕行，唐人藝文類聚於題下有『驅車上東門』五字，爲十四篇擬作之一甚明。毋勞以選注迂迴定之。又其遨遊出西城，以辭氣考之，亦明是迴車駕言邁之作。吳鈔發其疑，而不指出陸氏所擬之篇，誠有遺憾已。胡應麟詩藪內編卷二以爲此諸詩氣象玲瓏，意致深婉，眞可以泣鬼神，動天地，其言似本仲偉。」

⑤**【注】**文心明詩篇：「古詩佳麗，……觀其結體散文，直而不野，婉轉附物，怊悵切情，實五言之冠冕也。」

胡應麟詩藪內篇卷二：「十九首及諸雜詩，隨語成韻，隨韻成趣。辭藻氣骨，略無可尋，而興象玲瓏，意致深婉，眞可以泣鬼神，動天地。」

⑥**【校】**夷門廣牘本作「已」；他本並作「以」，文選亦作「以」。二字意通，以「以」爲正。

⑦**【注】**梁啟超中國之美文及其歷史：「（古詩）詩品則分爲二類，其一陸機所曾擬之十四首，認

爲時代最古（十四首見注四），其餘『去者日以疎』等四十五首，則謂『疑是建安中曹王所製』。昭明、彥和、仲偉、孝穆，同是梁人，而所傳之異同如此，可見這一票古詩之作者和時代，在六朝時久已成問題了。」

許講疏：「案此四十五首，就現存漢京之詩考之：本品所舉，則有客從遠方來，橘柚垂華實二首。十九首除上所舉，餘篇尚有冉冉孤生竹，（文心雕龍明詩篇曰：『古詩佳麗，或稱枚叔。其「孤竹」一篇，蓋傅毅之詞。』可知舊本均題爲古詩；彥和亦無斷然之意也。）去者日以疏，生年不滿百，凜凜歲云暮，孟冬寒氣至五首。此外則有古詩上山采蘼蕪，四坐且莫諠，悲與親友別，穆穆清風至，橘柚垂華實，十五從軍征，新樹蘭蕙葩，步出城東門八首。又古詩採葵莫傷根，甘瓜抱苦蔕二首。又太平御覽九百九十四引古詩之青青陵中草一首。統計以上，僅得古詩十八首耳。別有明黃庭鵠古詩冶，本王世貞之說，錄『兩漢古詩十八首』，號稱『後十九首』，其前六首，卽上舉古詩八首之前六首也。其第七首以下，曰長歌行曰鷄鳴高樹巔，曰陌上桑，曰相逢行，曰傷歌行，曰羽林郎，曰董嬌饒，曰飛鵠行，曰豔歌行，曰飲馬長城窟行，曰古八變歌，曰豔歌。皆樂府詩而移稱古詩者也。誠若是，則費錫璜漢詩說連舉『荒昧高古』之『江南可采蓮』，『里中有啼兒』，『晨行梓道中』，『棗下何攢攢』四首，亦得充數矣。推之凡五言樂府，如怨詩行，尹賞歌，邪徑童謠，均可備篇。竊恐漢代聲詩與徒詩，容有辭同及聲調互用者；此係詩樂初分時之現象，若遂泯其標界概目以古詩，終非事實所允也。詩藪雜編卷一云：『古詩冉冉孤生竹，驅車上東門，又載樂府，則飲馬長城窟之類，舊亦鍾氏四十五首數中，未可知也。』此說亦不敢苟同。又楊升庵詩話載漢無名氏詩『客從北方來』一首，又謂從類書中會合叢殘得『閨中有一婦』一首，又雜錄漢古詩逸句，謂皆四十餘首之遺句見於類書中者也。然明人僞撰及仿古之風，皆極盛行。庭鵠之效顰蕭選，固不足取，而升庵匿類書之名所錄者，亦難保必無杜撰耳。又王闓運目玉臺所載古絕句四首爲古詩，察其音製，何殊子夜讀曲？闓運殆襲李于鱗古今詩刪之誤耳。詩源辨體卷三云：『日暮秋雲陰，乃六朝人詩。菟絲從長風，則六朝樂府語耳。』所闢甚是。」又案：「四十五首中，如上山採蘼蕪篇，李因篤評云：『怨而不亂，小雅之遺。』橘柚垂華實篇，李因篤評云：『寫逐臣棄友之悲，託之橘柚，猶楚詞言香草也。』然則仲偉所謂多哀怨者，宜指此種。其所謂『總雜』約含二義：一係雜有樂府性質，二係體兼文質。蓋以聲情言之，四十五首中固有題爲古詩而實樂府體者，如鍾惺評『橘柚垂華實，』『十五從軍征』數篇，聲情全是樂府是也。而聲情之最顯而易知者，當係用問答談話一體，仍以『十五從軍征』爲例，張玉穀賞析云：『問『有阿誰，』『遙望』二句，鄉人答辭。』陳祚明評選云：『此樂府體。』此卽總雜樂府之證也。詩藪內編卷一云：『魏文兄弟，崛起建安，自是有專工古詩者，有偏長樂府者。』以此言推之，則漢京古詩，實與樂府相混。又四十五首之體，實兼文質：詩藪內編卷二云：古詩自質，而甚文。擧上山採蘼蕪，四坐且莫諠，翩翩堂前燕，洛陽城東路，長安有狹邪等詩爲例。是卽總雜文質之證也。而詩藪雜編卷一云：『惟悲與親友別，蘭若生春陽七篇（案指蘭若生春陽，悲與親友別，穆穆清風至，橘柚垂華實，十五從軍征，新樹蘭蕙葩，步出上東門七篇，然橘柚已見稱於本品，胡氏亦失言矣。）奇警略遜，疑鍾氏所謂總雜者。』其說殊有未晰。至雜編又謂『蘭若』等詩詞氣溫厚，非建安所及，不得謂出曹王。則洵爲近實。然仲偉亦僅擧舊疑，本未標爲定論，自不爲過。觀北堂書鈔樂部等所引曹植詩『彈箏奮逸響，新聲妙入神』二句，又見古詩十九首『今日良宴會』篇，書鈔當有舊據，足證仲偉所疑，亦未必盡出肊見也。若許學夷詩源辨體云：『又或疑十九首多建安中曹王所製，其說亦似有見。班固詠史，質木無文，當爲五言之始，蓋先質木，後完美，其造詣與唐人相類。』是則徒求理論之通暢與今動輒曰以文學史眼光觀察者，如出一轍而覈實與否，則在所不計也。又案曹王分指曹植王粲，而馮舒詩紀匡謬『樂府起于漢，又其辭多古雅』條，引此作『陳王，』又紀昀四庫古詩解提要亦引作『陳王，』則專指曹植一人。」

汪注：「十九首外，古詩存者尚有十餘首，如十五從軍征爲樂府詩，與古詩自有涇渭，殆仲偉所謂總雜歟。四十五首之數，今難强合。」

⑧【注】案：「客從遠方來」在十九首內；「橘柚垂華實」亦古詩，見丁氏金漢詩卷三。

許講疏：「詩藪雜編卷一云：『鍾氏取客從遠方來，橘柚垂華實二首爲優，今讀去者日以疏，生年不滿百等篇，已列十九首者，詞皆絕到，非行行重行行下。外九首，上山採蘼蕪一篇，章旨渾成，特爲神妙。』案胡氏所謂外九首，乃指十九首以外之九首，即蘭若生春陽，上山採蘼蕪，四坐且莫諠，悲與親友別，穆穆清風至，橘柚垂華實，十五從軍征，新樹蘭蕙葩，步出東門九首，是也。然胡氏亦薄昭明所刋落者耳，其鑑裁未必果勝仲偉。」

## 漢都尉李陵①詩

其源出於楚辭②。文多悽愴③，怨者之流④。陵名家子，有殊才，生命不諧，聲頹身喪。使陵不遭辛苦，其文亦何能至此⑤。

【校】①車校證本「李陵」下有「詩」字，云：「五朝小說本、說郛本、漢魏本、廣漢魏本、學詩津逮本、歷代詩話本、龍威秘書本、五朝小說大觀本、陳注本、杜注本、標題末皆無『詩』字，後同。有詩字蓋詩品之舊。」

【注】漢書卷五十四李廣傳：「李陵少爲侍中，善騎射，愛人。武帝以爲有廣之風，拜爲騎都尉。天漢二年，將步卒五千擊匈奴，轉鬬矢盡，遂降。母弟妻子皆伏誅。單于以女妻之，立爲右校王。在匈奴二十餘年，元平元年病死。」（傳又見史記卷一百〇九李將軍列傳。）隋志：「漢騎都尉李陵集二卷。」文心明詩篇：「所以李陵、班婕妤見疑於後代也。」

顏延之庭誥：「逮李陵衆作，總雜不類，元是假託，非盡陵製，至其善篇，有足悲者。」

案：李陵字少卿，隴西成紀人（今甘肅秦安）。生年不詳，卒於漢昭帝元平元年（？—西元前七四）。丁福保全漢詩卷二存李陵詩十一首，及附錄一首，文選錄其與蘇武詩三首。

②【注】史記屈賈列傳：「國風好色而不淫，小雅怨悱而不亂，若離騷者，可謂兼之矣。」

許講疏：「案：近代王闓運答唐鳳廷問漢唐詩家流派，嘗言：『漢初有詩，即分兩派，枚蘇寬和，李陵清勁，自後五言，莫能外之。』厥語實于無意中符合仲偉之評見。仲偉隱枚蘇於古詩中。以『溫麗』稱之，上配國風。是卽湘綺所謂前者一派。次以少卿怨者之流，附於楚辭，是卽湘綺所謂後者一派。」

王疏證：「陳石遺評議云：『夫五言古，首推蘇李，子卿與少卿並稱。李詩固悽怨，所謂愁苦易好也。蘇詩則懇至悱惻，豈遂歡愉難工乎？鍾氏上品數少卿，而不及子卿，深所未解。況楚辭之怨，由於忠而獲罪，信而見疑，李陵之怨，則有異矣。徒以其怨之同，遂謂其源出於此，則小雅之怨悱而不亂，國風之氓與谷風，不更在楚辭之前乎？楚辭者，香草美人，語多比興，李陵則直賦而已。溝而合之，非知言也。』岷案蘇武詩，文選但題云：『古詩』，不云贈陵，故劉勰、鍾嶸皆不及言蘇武，武詩蓋卽在古詩內也。石遺翁似未解此。宋濂答章秀才論詩書云：『蘇子卿李少卿之著，紆曲淒惋，實宗國風與楚人之詞。』蓋蘇詩宗國風，李詩宗楚辭，深符仲偉之旨。」

案：仲偉品詩，蓋以詩騷爲涇渭泉源，少卿河梁贈別，情悽詞惻，亦三閭大夫之遺風。又，詩品評騭百家，首標源流，李陵源於楚辭，王粲復祖襲李陵；爾後潘岳、劉琨諸子則出於仲宣，爲詩壇一大主脈，要之，皆歸於楚詞，怨者之流也。茲表列於後：

周　漢　魏　晉　宋　齊

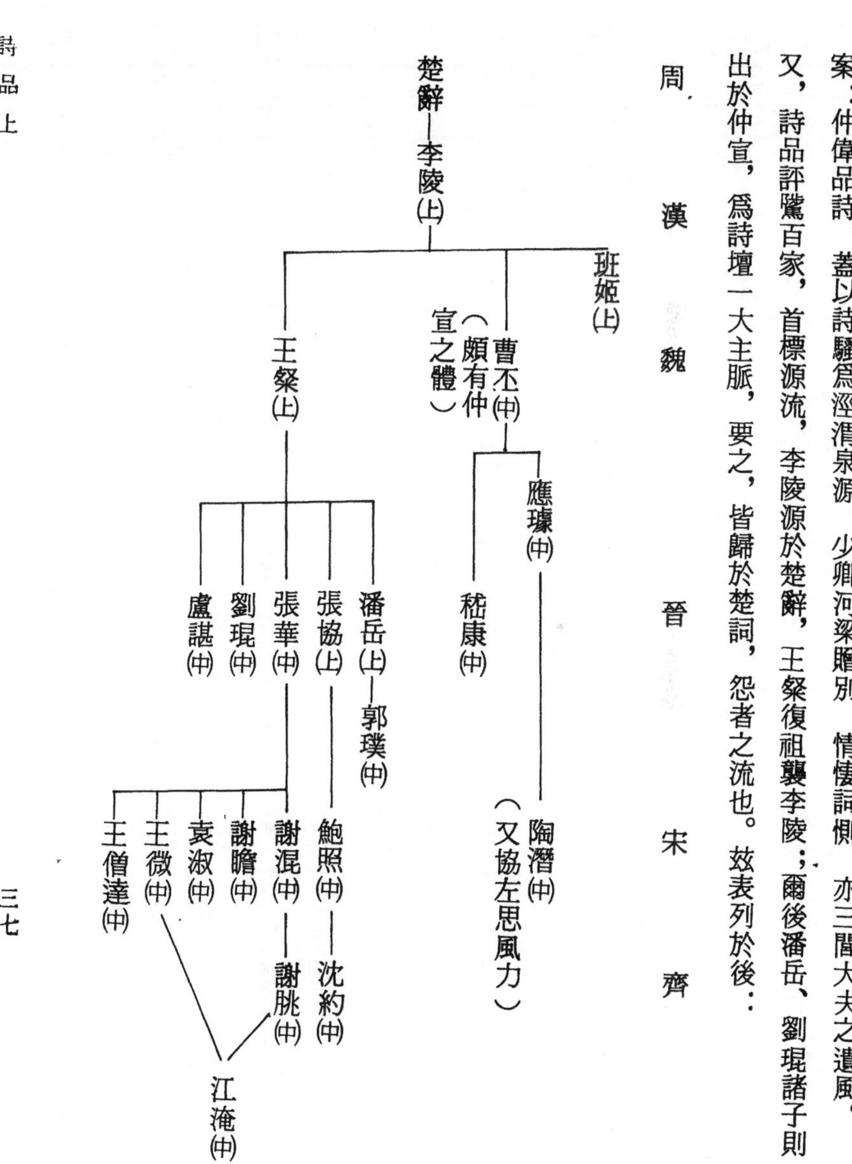

③【校】夷門廣牘本、漢魏叢書本、詩觸本、顧氏文房小說本、說郛本、說海本、續百川學海本、津逮本、龍威秘書本，「悽愴」皆無「愴」字，作「悽」；吟窗雜錄本「悽」下有「斷」字，或乃「愴」之誤。全梁文本、歷代詩話本、螢雪軒本、古箋本、陳注本、許講疏本、車校證本、李彙注本有「愴」字。有「愴」字文義較勝。

④【注】許講疏：「詩源辨體云：『馮元成云，少卿怨而不怒。愚案少卿三篇，慷慨悲懷，自是羈臣口吻。如屏營衢路側，執手野踟躕，風波一失所，各在天一隅(聿案：原書誤植爲「偶」)。行人臨河濯（聿案：原書誤植爲「濯」）長纓，念子悵悠悠，行人懷往路，何以慰我愁。行人難久留，各言長相思等句，皆羈臣口吻也。』案此說亦都尉源出楚辭之證。」案：楚辭情悽以促，少卿河梁之什，自是羈臣口吻。又仲偉以王粲源出于李陵，「發愀愴之詞」；盧諶源出于王粲，「善爲悽戾之詞」，統系一貫。

⑤【注】案：文心雕龍首揭文變染乎世情之義，時序篇言之詳矣。仲偉獨發情詞得之境遇之說，義足相發。

## 漢婕妤班姬①詩

其源出於李陵②。團扇短章，詞旨清捷，怨深文綺，得匹婦之致③。侏儒一節，可以知其工矣④。

①【注】漢書九十七外戚傳：「孝成班倢伃，帝初卽位，選入後宮，始爲少使。蛾而大幸，爲倢伃，倢伃誦詩，及窈窕德象女師之篇（顏師古注：皆古箴戒之書也）。其後，趙飛燕姊弟亦從自微賤興，踰越禮制，寖盛於前。倢伃恐久見危，求共養太后長信宮，上許焉。倢伃退處東宮，作賦自傷悼。成帝崩，倢伃充奉園陵，薨，因葬園中。」

隋志：「漢成帝班婕妤集一卷。」

文心明詩篇：「所以李陵、班婕妤見疑於後代也。」

案：班姬，扶風安陵人（今陝西咸陽）。左曹校尉班況之女。生卒年均不詳，據本傳可知約卒於成帝崩後未幾。丁氏全漢詩卷三存班姬怨詩一首，文選卷二十七亦錄此詩，名曰怨歌行。

②【注】案：陳石遺、陳延傑並以婕妤出於李陵爲不倫。李陵、班姬，怨者之流，風骨頗相類，且時人將李、班同列，文心雕龍明詩篇以李陵、班婕妤並稱，仲偉序言亦言「從李都尉迄班婕妤，有婦人焉，一人而已。」是其證也。

③【注】案：團扇短章卽今傳怨歌行，中有「裁爲合歡扇，團團似明月」句，故云。怨歌行又作怨詩或紈扇詩。

文心雕龍注引黃侃詩品講疏：「……班婕妤宮闈之流，當其感物興歌，初不殊於謠諺，然風人之旨，感慨之言，竟能擅美當時，垂範來世，推其原始，亦閭里之聲也。」

詩源辨體：「班婕好樂府五言怨歌行，託物興寄，而文采自彰。馮元成謂怨而不怒，風人之遺。王元美謂可與十九首蘇李並驅是也。」

沈德潛古詩源：「用意微婉，音韻和平。」

④【注】桓譚新論道賦篇：「諺曰：侏儒見一節，而長短可知。孔子言舉一隅足以三隅反。觀吾小時二賦，亦足以揆其能否。」

案：侏儒，短小之人也。其肢節自短於常人，故只見其一節，則其身之長短，可以完全推知。（節短則全身短）此處比喻團扇雖止一短章，而詩甚工，可據以知其全部詩之工美矣。

## 魏陳思王植①詩

其源出於國風②。骨氣奇高③，詞采華茂④；情兼雅怨⑤，體被文質⑥。粲溢今古，卓爾不羣。嗟乎，陳思之於文章也，譬人倫之有周孔，鱗羽之有龍鳳，音樂之有琴笙，女工之有黼黻⑦。俾爾懷鉛吮墨者，抱篇章而景慕，映餘暉以自燭。故孔氏之門如用詩，則公幹升堂，思王入室⑧，景陽、潘、陸⑨，自可坐於廊廡之間矣。

①【注】三國志魏書卷十九陳思王植傳：「陳思王植，年十餘歲，誦讀詩論及辭賦數十萬言，善屬文。性簡易，不治威儀，輿馬服飾，不尚華麗。建安十六年封平原侯，十九年徙封臨菑

侯。太和三年徙封東阿，六年以陳四縣封植爲陳王。發疾薨，時年四十一。景初中，撰錄植前後所著賦頌詩銘雜論凡百餘篇，副藏內外。」

隋志：「魏陳思王曹植集三十卷。」

案：曹植，字子建，沛國譙人（今安徽亳縣）。魏武帝曹操子，兄丕篡漢爲魏文帝，植備受煎迫。嘗封陳，謚曰思王，故後世稱陳思王。生於漢獻帝初平三年，薨於魏明帝太和六年（一九二—二三二），年四十一。丁氏全三國詩卷二全卷存曹植詩百三十餘首，然約近五十首之數，輯自類書、詩文注中之遺句也。文選錄植詩二十五首。今傳詩集以黃節曹子建詩注二卷最爲通行（藝文本）態度亦嚴謹；其餘尚有古直曹子建詩箋（廣文本）；清丁晏曹集詮評（新興本）。曹子建集十卷，見楊德周彙刻建安七子集（明崇禎間刊本，台灣中華書局影印），漢魏百三家集亦收陳思王集二卷。研究曹植生平之年譜甚衆，如清丁晏陳思王年譜一卷（附於丁氏曹集詮評末）。清末朱緒曾曹子建年譜一卷（金陵叢書丙集本）。民國古直曹子建年譜一卷（層冰草堂叢書本），民國鄧永康曹子建年譜新編（大陸雜誌三十四卷一、二、三期）。

【注】②陳注：「陳思詩頗擅風謠之美，或蓄憤斥言，或環譬託諷，亦國風之支派也。」王世貞藝苑卮言曰：「子建之雜詩六首，可入十九首不能辨也。」胡應麟詩藪內篇亦云：「子建雜詩，全法十九首意象。」按：詩品以古詩源出于國風，其源正同。

張戒歲寒堂詩話卷上：「鍾嶸詩品，以古詩第一，子建次之，此論誠然。觀子建『明月照高樓』、『高台多悲風』、『南國有佳人』、『驚風飄白日』、『謁帝承明廬』等篇，鏗鏘音節，抑揚態度，溫潤清和，金聲而玉振之。辭不迫切而意已獨至，與三百篇異世同律，此所謂韻不可及也。」

許講疏：「胡應麟詩藪內篇卷二曰：『陳王四言，源出國風。』此以體言。劉熙載詩概云：『曹子建贈丁儀王粲有云：歡怨非貞則，中和誠可經。此意足推風雅正宗。』此以義言。黃子雲野鴻詩的云：『子建詩，駸駸乎有三代之隆焉。』此以氣象言。」案：許氏自體、義、氣象言子建詩源出於國風，析論亦細密。

③【注】文心風骨篇：「沈吟鋪辭，莫先於骨。故辭之待骨，如體之樹骸。……結言端直，則文骨成焉。……故練於骨者，析辭必精。」又云：「故魏文稱文以氣爲主，氣之清濁有體，不可力强而致。故其論孔融，則云體氣高妙；論徐幹，則云時有齊氣；論劉楨，則云有逸氣。公幹亦云，孔氏卓卓，信含異氣，筆墨之性，殆不可勝，並重氣之旨也。」黃侃文心雕龍札記云：「知風卽文意，骨卽文辭。……治文氣以運思爲要，植文骨以修辭爲要也。」文心雕龍明詩篇：「曁建安之初，五言騰踊，文帝陳思，縱轡以騁節……，慷慨以任氣，磊落以使才。」又時序篇：「觀其時文（按指建安時代），雅好慷慨，良由世積亂離，風衰俗怨，並志深而筆長，故梗概而多氣也。」

李白宣城謝朓樓餞別校書叔雲詩曰：「蓬萊文章建安骨。」

案：詩之創作，透過文字之精鍊堅捶，音聲之抑揚暢朗，而呈現充裕之生命活力及感染效果，可謂達於骨氣奇高之境。又：鍾嶸劉勰言氣骨風力，意見頗相類。

詩藪內篇卷二云：「陳王才藻宏富，骨氣雄高，八斗之稱，良非溢美。」

陳繹曾詩譜曰：「陳思王斵創精潔，自然沈健。」

鍾惺古詩歸卷七曰：「子建柔情麗質，……而肝腸氣骨，時有塊磊處。」

沈德潛說詩晬語：「陳思極工起調，如『驚風飄白日，忽然歸西山』，如『明月照高樓，流光正徘徊』，如『高台多悲風，朝日照北林』，皆高唱也。」

方東樹昭昧詹言卷二曰：「子建樂府諸篇，意厚詞贍，氣格渾雄。」

④【注】魏書植傳評曰：「陳思文才富艷，足以自通後葉。」注引魚豢曰：「余每覽植之華采，思若有神。」

黃侃詩品講疏：「文帝（魏）兄弟所撰樂府最多，雖體有所因，而詞貴獨創，聲不變古，而采自己舒。其餘雜詩，皆崇藻麗。」

詩藪內篇卷二：「子建華贍精工。」又曰：「子建名都、白馬、美女諸篇，辭極贍麗，然句頗尚工，語多致飾，視東西京樂府天然古質，殊自不同。」

⑤【注】陳石遺詩品平議：「詞采華茂，情兼雅怨八字，評品最當。」

古箋：「史記屈原傳曰：『國風好色而不淫，小雅怨誹而不亂，若離騷者可謂兼之矣。』情兼雅怨，謂兼國風小雅之長也。」陳注：「史記曰：『小雅怨誹而不亂。』按陳思有憂生之嗟，故樂府贈送雜詩諸什，皆具小雅怨誹之致。」

案：謝靈運擬魏太子鄴中集平原侯植詩序曰：「公子不及世事，但美遨遊，然頗有憂生之嗟。」陳思貴公子，應制之什，體氣雍容，然命途多乖，世道蹇滯，歷屈子之旅，體平王之遷，怨雅之情，兼之矣。

李彙注：「此『雅』字之釋，諸家之說有二：一爲以小雅之『雅』解，如陳注、古箋、葉集釋、杜注、汪注等說是也；又一爲以對『怨』字之『雅』解，如張氏標點、許釋、車校、立命館疏等說是也。（除立命館疏外雖無指明『雅』字之意，審其注、或符號，可知決非以小雅之『雅』解也。）以上兩說皆未嘗不可，後說較勝。」

⑥【校】車校證：「詩人玉屑一三引『被』作『備』（太平御覽五八六、劉氏鴻書七一亦並引作『備』），文意較佳。兼、備，互文。『被』疑與『備』音近而誤。」案：陳學士吟窗雜錄亦作「備」。

【注】宋書謝靈運傳論：「三祖陳王，咸蓄盛藻，甫乃以情緯文，以文被質。」

⑦【注】文心明詩篇：「建安之初，五言騰踊。文帝陳思，縱轡以騁節。」

蘭莊詩話：「曹子建詩質樸渾厚，春容雋永，風調非後人易到。陳子昂、李太白慕以爲宗，信乎晉以下鮮其儷也。予每讀其詩，灑然有千古之想。」
杜甫寄張彪三十韻：「曹植休前輩。」仇兆鰲云：「自東漢至建安，詩盛于七子，而以子建稱首。」
張戒歲寒堂詩話：「鍾嶸詩品，以古詩第一，子建次之，此論誠然。」
案：沈德潛謂子建「使才而不矜才，用博而不逞博」，此誠中論。後如謝康樂則未達此境也。

⑧【注】論語先進篇：「子曰：『由也升堂矣，未入於室也。』」揚雄法言卷二：「如孔氏之門用賦也，則賈誼升堂，相如入室矣。」

⑨【注】案：劉楨字公幹，張協字景陽；潘謂潘岳，陸謂陸機。此四子皆入上品。

## 魏文學劉楨①詩

其源出於古詩②。仗氣愛奇，動多振絕③。眞骨凌霜，高風跨俗④。但氣過其文，雕潤恨少⑤。然自陳思以下，楨稱獨步⑥。

①【注】三國志魏書卷二十一王粲傳：「東平劉楨，被太祖辟爲丞相掾屬，以不敬被刑，刑竟署吏。二十二年卒。」
隋志：「魏太子文學劉楨集四卷。」注：「錄一卷。」

案：劉楨，字公幹，東平人（今山東泰安），生年不詳，建安二十二年染疾疫而卒（？—二一七）。時曹丕尚未篡漢自立，當爲漢人，標題稱「魏文學」，蓋從俗也；上品王粲，下品徐幹亦例此。丁氏全三國詩卷三存劉楨詩十五首，文選錄其十首。劉公幹集二卷見於楊德周彙刻建安七子集（明崇禎間刋本。台灣中華書局影印。）及劉公幹集一卷（漢魏六朝百三家集收）。日人中川薰有劉楨考，見鳥取大學學藝部研究報告（一九五五、十二月）。

②【注】楊愼升菴詩話卷十三：「劉公幹贈從弟詩，有國風餘法。」案：古詩源出於國風。釋皎然詩式：「鄴中七子，陳王最高。劉楨辭氣偏正得其中，不拘對屬，偶或有之，語與興驅，勢逐情起，不由作意，氣格自高，與十九首其流一也。」

③【校】山堂考索、稗編，「仗氣」作「壯氣」。夷門廣牘本「奇」誤作「其」，蓋音近而誤。

【注】曹丕與吳質書：「公幹有逸氣，但未遒耳。」

文心定勢篇：「公幹所談，頗亦兼氣。」

謝靈運擬魏太子鄴中八首謂劉楨：「卓犖偏人，而文最有氣，所得頗經奇。」

御覽三百八十五引文士傳：「劉楨辭氣鋒烈，莫有折者。」

元好問自題中州集後五首：「鄴下曹劉氣儘豪。」又擬鄴中詩八首：「曹劉坐嘯虎生風。」

④【校】車校證：「詩人玉屑、紀纂淵海、稗編引『眞』皆作『貞』。作貞蓋詩品之舊。貞謂堅貞

也，宋人諱貞爲眞，二字遂溷用。」案：宋仁宗諱禎。

【注】案：許講疏引釋皎然詩式「鄴中七子，劉楨語與興驅馳，勢逐情起，不由作意，氣格自高」語，以解「眞骨凌霜」；及葛立方韵語陽秋「公幹嘗有贈從弟云『亭亭山上松，瑟瑟谷中風，風聲一何盛，松枝一何勁。』其高意如是。」語以解「高風跨俗」。蓋「眞骨凌霜，高風跨俗」，駢偶之句也，不必强爲之分立，文心雕龍卽合風骨爲專篇以言文。此仲偉讚公幹風骨特立，凌於霜雪，跨乎世俗。

⑤【注】曹丕典論論文：「劉楨壯而不密。」與吳質書：「公幹有逸氣，但未遒耳。」案：曹氏之旨，仲偉據以申之。文心雕龍體性篇：「公幹氣褊，故言壯而情駭。」後之詩話多宗此。如胡應麟詩藪內篇：「公幹才偏，氣過其詞。」又曰：「漢人詩不可句摘者，章法渾成，句意聯屬，通篇高妙，又無一蕪蔓，不著浮靡故也。……王、劉以降，敷衍成篇，仲宣之浮，公幹之峭，似有可稱，然所得漢人氣象音節耳。精言妙解，求之邈如。」許學夷詩源辨體：「公幹氣勝于才。」又曰：「公幹詩聲詠常勁，鍾嶸稱公幹氣過其文是也。如『靈鳥宿水裔，仁獸游飛梁。華館寄流波，豁達來風涼。』『步出北門寺，遙望西苑園。細柳夾道生，方塘含清源。』『涼風吹沙礫，霜風何皚皚。明月照緹幕，華燈散炎輝。』等句，聲韻爲勁。」陸時雍詩鏡總論：「劉楨稜層，挺挺自持，將以興人，則未也。」方東樹昭昧詹言：「（公幹詩）直書胸臆，一往清警，纏綿悱惻，自是一體。……大約此體但

用敍事，羌無故實，而所下句字，必樸質沈頓，感慨深至，不雕琢字法。」然亦有相左之見，如陳乍明采菽堂古詩選：「公幹詩筆氣雋逸，善於琢句，古而有韻，……如『翠峯揷空，高雲曳壁，秀而不近。』本無浩蕩之勢，頗饒顧盼之姿。詩品以爲『氣過其文』，此言未允。」案：公幹使氣，往往「偪强輸作」（顏氏家訓語），又鍾氏以風力丹采相幹潤爲詩之至，則當以正說爲是。

⑥【注】詩品序云：「曹劉殆文章之聖」，上品陳思王條云：「……公幹升堂，思王入室。」曹丕與吳質書：「公幹五言詩之善者，妙絕時人。」舒衷正沈約劉勰鍾嶸三家詩論之比較研究：「惟沈、劉抑劉楨而崇王粲，劉楨、王粲之優劣，遂紛然矣。沈、劉蓋以仲宣詩賦兼善，謂多爲勝；鍾氏惟論五言，故以公幹居首。……且文非一體，鮮能兼善，若以賦論，自以仲宣爲首，今則論詩，不得不讓公幹居前矣。」

## 魏侍中王粲①詩

其源出於李陵②。發愀愴之詞③，文秀而質羸④。在曹、劉間，別構一體⑤。方陳思不足，比魏文有餘⑥。

①【注】三國志魏書卷二十一：「王粲，蔡邕見而奇之，曰：『此王公孫也，有異才，吾不如也。』之荆州，依劉表，表以粲貌寢而體弱通侻，不甚重也。表卒，粲勸表子琮令歸太祖。太祖

辟爲丞相掾，賜爵關內侯。後遷軍謀祭酒。魏國既建，拜侍中。博物多識，善屬文，舉筆便成，無所改定，時人常以爲宿構。然正復精意覃思，亦不能加也。著詩賦論議垂六十篇。建安二十一年從征吳，二十二年春道病卒，時年四十一。」

隋志：「後漢侍中王粲集十一卷。」

案：王粲，字仲宣，山陽高平人（今山東鄒縣西南）。生於漢靈帝熹平六年，卒於獻帝二十二年（一七七—二一七），年四十一。言「魏侍中」而不言「漢侍中」，與劉楨同例；又隋志正作「漢侍中」。丁氏全三國詩卷三存王粲詩二十六首（含樂府），文選錄十三首。王仲宣集四卷見於楊德周彙刻建安七子集（明崇禎間刊本。台灣中華書局影印本。）張溥漢魏六朝百三家集收王侍中集（新興書局影印本）。繆鉞有王粲行年考，載於責善月刊二卷二十一期。

②

**【注】**案：仲偉評李陵「文多悽愴，怨者之流。」

許講疏：「謝靈運擬魏太子鄴中集王粲詩序曰：『家本秦川貴公子孫，遭亂流寓，自傷情多。』蓋與李陵爲名家子，生命不諧，聲頹身喪者，同有身世之悲。故仲偉評陵文多悽愴，評粲發愀愴之詞，足見二人寄情篇什之相似矣。」

③

**【校】**車校證：「詩人玉屑引『發』上有『若』字。蓋善之形誤。有善字，文意較備。中品評應璩云：『善爲古語』，評謝朓詩有云：『善自發詩端』，與此句法並相似。又中品評劉琨詩云：『其源出於二張，善製形狀寫物之詞』，與此句法尤符，則今本『發』上挩『善』字明矣。」案：車校證引詩人玉屑「發」上有「若」字，而證「若」「善」形近而譌，進而言今傳各本並挩「善」字，此說較牽强，且詩人玉屑一書乃詩話性質，引語往往與原文異，不當遽據以爲證。

【注】陳祚明采菽堂古詩選：「王仲宣詩如天寶樂工，身經播遷之後，作雨淋鈴曲，發聲微吟，覺山川奔逆，風聲雲氣，與歌音並至，祇緣述親歷之狀，故無不沈切。」卷七又曰：「王仲宣詩跌宕不足而直摯有餘，傷亂之情，小雅變風之餘也。」陳注：「粲之七哀詩，寫兵亂之象，悽愴欲絕，所以沈約甚稱其灞岸之篇，而歎其爲茂製也。」

④【注】古箋：「文心雕龍秀隱篇曰：『文之英蕤，有隱有秀。秀也者，篇中之獨拔者也。』案，文秀質羸相對，言文辭秀拔而體質羸弱也。何義門未達此旨，便謂仲宣詩極沈鬱頓挫，鍾記室以爲文秀而質羸，殆所未喻矣。魏志曰：王粲容貌短小。又曰：劉表以粲貌寢而體弱，不甚重也。魏文帝與吳質書曰：仲宣獨自善於辭賦，惜其體弱，不足起其文。是並仲宣質羸之證。」案：古直以身體之狀況解質羸，汪中注本從之。

許學夷詩源辨體卷四：「仲宣詩聲韻常緩，鍾嶸稱仲宣文秀而質羸，是也。如『常聞詩人語，不醉且無歸。今日不極歡，含情欲待誰。』『軍中多飫饒，人馬皆溢肥。徒行兼乘還，空出有餘資。』『征天懷親戚，誰能無戀情。撫衿倚舟檣，眷眷思鄴城。』等句，聲韻常緩。」

案：古直說非是。鍾記室評粲「文秀質羸」，魏文帝與吳質書亦謂「仲宣獨自善於辭賦，惜其體弱，不足起其文。至其所善，古人無以遠過也。」「文秀」者謂文藻秀拔也；「質羸」者氣勢羸弱也；文質正相對照。仲宣文勝於質，未若子建之兼善（體被文質）。曹丕典論論文評論七子，莫不以「氣」爲準鵠，且重陽剛而貶陰柔。孔融體氣高妙，劉楨壯而有逸氣，陳琳章表殊健，魏文一一稱讚。至若徐幹時有齊氣，應瑒和而不壯，仲宣體弱，魏文以爲美中不足。陳祚明亦曰：「王仲宣詩跌宕不足，而直摯有餘。」粲詩雖發端遒麗，藻飾潤澤，情溢辭表，然氣勢不足，壯采無繼。故詩源辨體謂其詩聲韻常緩，此乃氣勢羸弱之表徵也。又詩品評張華源出於王粲，「其體華艶」，然「風雲氣少」，可爲「文秀質羸之助證。

又，方東樹昭昧詹言謂：「建安七子，除陳思其餘略同，而仲宣爲偉，局面濶大，公幹氣緊，不如仲宣。」又謂「（七哀詩）蒼涼悲慨，才力豪健，陳思而下，一人而已。」方說正與仲偉相左，揄揚過其情。

⑤【注】案：陳思、公幹，源於國風古詩，「骨氣奇高」，「仗氣愛奇」；仲宣源於李陵，「發愀愴之詞，文秀而質羸」。風騷體異，神采難同。劉熙載藝概卷二亦云：「公幹氣勝，仲宣

情勝，皆有陳思之一體。後世詩率不越此二宗。」

⑥【注】詩品上曹植條：「……體被文質，粲溢今古，卓爾不群。」

詩品中曹丕條：「……頗有仲宣之體，體則新奇。百許篇率皆鄙直如偶語。」

案：上舉二語，正與「方陳思不足，比魏文有餘」相符。

## 晉步兵阮籍①詩

其源出於小雅②。無雕蟲之功③。而詠懷之作，可以陶性靈，發幽思④。言在耳目之內，情寄八荒之表⑤，洋洋乎會於風雅，使人忘其鄙近，自致遠大⑥。頗多感慨之詞⑦。厥旨淵放，歸趣難求⑧。顏延註解，怯言其志⑨。

①【注】三國志魏書卷二十一：「（阮）瑀子籍，才藻艷逸，而倜儻放蕩。行己寡欲，以莊周為模則。官至步兵校尉。」又晉書卷四十九：「阮籍，任性不羈，而喜怒不形於色。或閉戶視書，累月不出；或登臨山水，經日忘歸。博覽群籍，尤好莊老。嗜酒能嘯，善彈琴。當其得意，忽忘形骸，時人多謂之痴。本有濟世之志，屬魏晉之際，天下多故，名士少有全者，籍由是不與世事，遂酣飲為常。景元四年冬卒，時年五十四。籍能屬文，初不留思，作詠懷八十餘篇，為世所重。」

隋志：「魏步兵校尉阮籍集十卷。」注：「梁十三卷，錄一卷。」

古箋：「嗣宗卒時，尚未易代，稱晉非也。隋志正稱魏步兵校尉阮籍集也。」

案：阮籍，字嗣宗，陳留尉氏人（今河南尉氏縣）。生於漢獻帝建安十五年，卒於魏陳留王景元四年（二一〇—二六三），年五十四。丁氏全三國詩卷五存阮籍五言詠懷八十二首外，尚有四言詠懷三首及歌二首；文選錄其詠懷十七首。漢魏六朝百三家集輯有阮步兵集一卷。詩注以黃節阮步兵詠懷詩注一卷（藝文影印版）最爲通行，另有古直阮嗣宗詩箋，及黃侃阮步兵詠懷詩箋（學海書局本）。董衆編有阮步兵年譜（東北叢刊第三期，民十九年）。

②【注】案：文心雕龍辨騷篇云：「小雅怨誹而不亂。」詩品小雅一脈，僅得步兵一人。

黃節阮步兵詠懷詩注自敍曰：「鍾嶸有言，嗣宗之詩，源于小雅。夫雅廢國微，謂無人服雅，而國將絕爾。今注嗣宗詩，開篇『鴻號翔鳥，徘徊傷心』，視四牡之詩『翩翩者鵻，載飛載下。集于苞栩，王事靡盬，我心傷悲』，抑復何異？嗣宗其小雅詩人之志乎？」

陳注：「阮詩憤懷禪代，憑弔今古，頗具小雅怨而不怒之旨。」

汪注引方植之語：「何云（聿案，指何義門）阮公源出於騷，而鍾記室以爲出于小雅。愚謂騷與小雅，特支體不同耳。其憫時病俗，憂傷之情，豈有二哉。阮公之時與世，眞小雅之時與世也，其心則屈子之心也。以爲騷以爲小雅皆無不可。而其文之宏放高邁，沈痛幽深，則於騷雅皆近之。鍾何之論皆滯見。」

案：當以黃、陳之見爲是。

③【校】御覽引作「雖無雕斵之巧」，「無」上有「雖」字，吟窗雜錄本亦有「雖」字，其餘各本並無。有「雖」字文氣較勝。

【注】陳祚明采菽堂古詩選卷八：「阮公詠懷，神至之筆。觀其抒寫，直取自然，初非琢鍊之勞，吐以匠心之感。」

④【注】陳石遺曰：「詠懷詩實八十餘章，文選止十七首，顏延年、沈約等註。陳沆詩比興箋錄三十八首。詮次翔實，多悲魏氏，憤司馬氏之辭，非徒陶性靈發幽思而已也。」案：詠懷詩篇數，見注一。

竹林詩評：「阮籍之作，如剡溪雪夜，孤楫沿流，乘興而來，興盡而已。」

王夫之古詩評選卷四阮籍詠懷評曰：「且其託體之妙，或以自安，或以自悼，或標物外之旨，或寄疾邪之思。」

⑤【注】王夫之古詩評選卷四詠懷詩評曰：「此詩以淺求之，若一無所懷，而字後言前，眉端吻外，有無盡藏之懷，令人循聲測影而得之。」

許學夷詩源辨體卷四：「嗣宗五言詠懷八十二首，中多比興，體雖近古，然多以意見爲詩，故不免有跡。其他託旨太深，觀者不能盡通其意，鍾嶸謂其言在耳目之內，情寄八荒之表，是也。」

⑥【校】續百川學海本、說郛本、說海彙編本、漢魏叢書本、詩觸本、螢雪軒本、龍威秘書本「大」作「方」。以「大」爲是。

【注】文心體性篇：「嗣宗俶儻，故響逸而調遠。」又才略篇：「阮籍使氣以命詩。」

胡應麟詩藪內篇卷二：「嗣宗詠懷，興寄沖遠。」

劉熙載藝概卷二：「嗣宗之詩曠逸。」

王夫之評詠懷詩曰：「步兵以高朗之懷，脫穎之氣，取神似于離合之間，大要如晴雲出岫，舒卷無定質，而當其有所不及，則弘忍之力，肉視荆聶矣。」

⑦【注】陳祚明采菽堂古詩選：「嗣宗詠懷詩，如白首狂夫，歌哭中道，輒向黃河亂流欲渡，彼自有所以傷心之故，不可爲他人言。」

⑧【注】文心明詩篇：「阮旨遙深。」

王夫之評詠懷詩曰：「步兵詠懷，意圖逕庭，而言皆一致。信其但然而不徒然，疑其不然而彼固不然。不但當時雄猜之渠長，無可施其怨忌，且使千秋以還，了無覓脚根處。」

劉熙載藝概卷二：「阮嗣宗詠懷，其旨固爲淵遠，其屬辭之妙，去來無端，不可蹤迹。」

說詩晬語：「阮公詠懷，反覆零亂，興寄無端，和愉哀怨，俶詭不羈，令讀者莫求歸趣。遭阮公之時，自應有阮公之詩也。」

吳汝綸古詩鈔卷二：「阮公雖云志在譏刺，文多隱避，要其八十一章，決非一時之作，吾疑其總集平生所爲詩，題爲詠懷耳。」

⑨【校】說郛本、漢魏本、津逮秘書本、學津討源本、龍威本、歷代詩話本、學詩津逮本、螢雪軒本、陳注本、古箋本、許講疏本，「顏延」並作「顏延年」；顧氏文房小說本「顏延」下空一格。

顧氏文房小說本、說郛本、續百川學海本、漢魏本、詩觸本、龍威秘書本、「怯言」並誤作「法言」。

【注】古箋：「文選阮嗣宗詠懷李善引顏延年注曰：『說者阮籍在晉文代，當慮禍患，故發此詠耳。』又曰：『嗣宗身仕亂朝，常恐罹謗遇禍，因茲發詠，故每有憂生之嗟，雖志在刺譏，而文多隱避，百代之下，難以情測。故粗明大意，略其幽旨也。』案：延年亦身當易代之際，故不敢質言。」

李彙注：「案：上文（指古箋所引）又曰以下所引一段，陳注、葉集釋、杜注、汪注等，亦皆以爲顏延之注。然今考各本李善注文選，其文上均無注明顏氏所云，而惟篇首云：『顏延年、沈約等注。』又李善標明其注文選例而云：『舊注是者，因而留之。並於篇首，題其姓名；其有乖繆，臣乃具釋，並稱臣善以別之。他皆類此。』（見於文選卷二西京賦篇首薛綜注下李善注）然則此文蓋爲顏延之或沈約之語，而不能斷定謂爲顏氏所注。古、陳等諸氏注誣矣。」

許講疏：「今文選所載顏延年注數條，止輯事類，未標義諦。延年詠阮步兵有云：『物故不可論，途窮能無慟。』則延年雖怯言其志，固非不明其志者也。成書古詩存評咏懷詩云：『着一毫穿鑿，便不必讀此。』蓋得延年之意矣。」

案：詩品固言顏解怯言其志，則爲顏注甚明，李彙注謂「顏、沈不能斷定」，可謂不見其睫矣。

## 晉平原相陸機①詩

其源出於陳思②。才高辭贍，舉體華美③。氣少於公幹④，文劣於仲宣⑤。尚規矩⑥，不貴綺錯⑦，有傷直致之奇⑧。然其咀嚼英華，厭飫膏澤，文章之淵泉也⑨。張公歎其大才⑩，信矣。

①【注】晉書卷五十四陸機傳：「陸機，祖遜，吳丞相。父抗，吳大司馬。少有異才，文章冠世。年二十而吳滅，退居舊里，閉門勤學，積有十年。至太康末，與弟雲俱入洛。成都王穎表爲平原內史。遇害軍中，時年四十三。所著文章，凡三百餘篇，並行於世。」隋志：「晉平原內史陸機集十四卷。」注：「梁四十七卷，錄一卷，亡。」

案：陸機字士衡，吳郡人（今江蘇吳縣）。生於吳永安四年，晉太安二年遇害（二六一—三〇三），年四十三。丁氏全晉詩卷三存陸機詩一〇五首，文選錄五十三首。郝立權有陸士衡詩注四卷集說一卷（藝文書局版），陸士衡集收於中華書局四部備要。另漢魏六朝百三家集亦輯陸平原集二卷。李澤仁編陸士衡年譜（尚友書塾季報第五期），姜亮夫編陸平原年譜（民國四十六年排印）、何融編陸機年譜一卷（知用叢刊第二集潘陸年譜本）。又，陸平原譽滿洛京，詩好爲儷語，縟密矜重，實開六朝靈運之偶對先河，自成一家。昭明太子選詩，亦多所摭摘。影響所及，宗之者甚衆，葛洪亦亟稱之。然世代推移，嗜欲不同，後世詩評，於平原多所非難，如漁洋以爲「陸機宜在中品」，黃子雲野鴻詩的以爲「晉詩中之下乘」，沈德潛古詩源謂「詞旨敷衍，但工塗澤，復何貴乎？」與仲偉之見，竟有如是之別，恐非平情。

②【注】許講疏引詩紀別集四引李空同曰：「陸機本學陳思王，而四言渾成過之，然五言則不及矣。」

許學夷詩源辨體卷五：「士衡樂府五言，體製聲調與子建相類，而俳偶雕刻，愈失其體，時稱曹、陸，爲乖調是也。」

案：陳思王源出於國風，士衡得子建「詞采華茂」之致，凝重鋪衍則過之。

③【注】文心鎔裁篇：「士衡才優而綴辭尤繁。」

宋書謝靈運傳論：「降及元康，潘陸特秀，……縟旨星稠，繁文綺合。」

案：士衡辭采富贍，俯拾可得，如赴洛第二首：「載離多悲心，感物情悽惻。慷慨遺安豫，永歎廢寢食。憂苦欲何爲，纓緜胸與臆。仰瞻陵霄鳥，羨爾歸飛翼。」多用「悽惻」、「永歎」、「憂苦」、「纓緜」諸詞，倍顯情辭華美綺贍。

④【注】案：公幹詩氣勝，詳見詩品上劉楨條及注。

又，文心明詩篇曰：「晉世群才，稍入輕綺，潘、張、左、陸，……力弱於建安。」此爲時尚使然。復以士衡一意詞采，公幹專注氣格，殊途異轍。詞繁者病靡，氣格自弱。氣專者近質，雕潤恨少。

⑤【注】案：仲宣詩「文秀」，詳見詩品上王粲條及注。

許講疏：「按，記室以秀許仲宣，劉彥和文心雕龍隱秀篇云：「雕削取巧，雖美非秀。」是陸文之不逮仲宣者，乃由其俳偶雕刻，漸失自然渾成之氣歟。」

案：文心事類篇：「士衡沈密。」體性篇：「士衡矜重，故情繁而辭隱。」世說新語文學篇：「陸文若排沙簡金，往往見寶。」「陸文深而蕪。」沈德潛古詩源：「潘陸詩如剪綵爲花，絕少生韻。」陸機詩文雕琢俳偶，氣體沈鬱，屬文滯緩，不若仲宣之秀逸也。

⑥【校】吟窗雜錄本及詩人玉屑引，「尙」之上有「但」字。

【注】陸機文賦：「理扶質以玄幹，文垂條以結繁」，「辭程才以效技，意司契而爲匠」，「其會意也尙巧，其遣言也貴妍，曁音聲之迭代，若五色之相宣」；此尙規矩之論也。

王船山古詩評選卷四：「平原擬古，步趨如一。」

李重華貞一齋詩說：「陸士衡擬古詩，名重當世，余每病其呆板。」陳祚明采菽堂古詩選卷十：「士衡詩束身奉古，亦步亦趨，在法必安，選言亦雅，思無越畔，語無溢幅。」

⑦【校】車校證：「案，『不』字，蓋淺人妄加。考今所傳陸機詩皆『尚規矩，貴綺錯』之作。前賢評其詩，最早而較著者如文心雕龍鎔裁篇有云：『士衡才優而綴辭尤繁』，才略篇有云：『陸機才欲窺深，詞務索廣，故思能入巧，而不制繁』，宋書謝靈運傳論有云：『降及元康，潘、陸特秀，縟旨星稠，繁文綺合』，咸與『尚規矩，貴綺錯』之說相符。此文上言『舉體華美』，下言『咀嚼英華，厭飫膏澤』，並與『貴綺錯』相應。且『尚規矩，貴綺錯』乃『有傷直致之奇』。『不貴綺錯』則無傷於直致之奇矣。又案中品謂顏延之詩出於陸機，評語有云『體裁綺密』，與此『貴綺錯』相應。又云『動無虛散，一句一字皆致意焉』，與此『尚規矩』相應，亦可證此文『貴綺錯』上本無『不』字。又引湯惠休云『顏如錯彩鏤金』，倘陸機『不貴綺錯』，顏之詩體其源尚得出於陸機耶。據中品鮑照詩評語有云：『貴尚巧似，不避危仄，頗傷清雅之調』，與此句法相似，此文之有不字，或者淺人據彼文所加也。」

案：車氏以爲「不」字爲淺人妄加，宜刪，非是。今列舉車氏之失，約有三端：

1自車氏所引各語觀之，誤「綺錯」乃華麗綺密之意也。蓋「綺錯」，交錯也。後漢書班固傳西都賦：「周廬千列，徼道綺錯。」注：「綺錯，交錯也。」文選何晏景福殿賦：「綺錯鱗比。」注：「錯雜如鱗之相比次也。」

2.今傳各本但作「不貴綺錯」。車氏無可靠之版本而遽言「淺人妄加」，非所敢輕許也。且車氏以爲「尙規矩」上有「但」字文意較完，則此句之「不」字更不可刪，否則文氣不貫。

3.中品謂鮑照：「貴尙巧似，不避危仄，頗傷淸雅之調」；謂陸機：「尙規矩，不貴綺錯，有傷直致之奇」，相較之下，二句句法完全相同，皆作「尙……，不……，有（頗）傷……」，故當作「不貴綺錯」。而車氏竟云：「……與此句法相似，此文之有『不』字，或者淺人據彼文所加也。」此又於句法之解析避重就輕，以强合己意。

陸士衡詩文，氣潛於內，故排比縟重，矜厚而易露緩滯，不若單行之運斤斧然，故云「不貴綺錯，有傷直致之奇。」下引數條，皆可爲證：

文心體性篇：「士衡矜重，故情繁而詞隱。」

黃子雲野鴻詩的：「平原五言樂府，一味排比敷衍，間多硬句，且踵前人步伐，不能流露性情，皆無足觀。」

沈德潛古詩源卷七：「士衡詩亦推大家，然意欲逞博，而胸少慧珠，筆又不足以舉之，遂開出排偶一家，西京以來，空靈矯健之氣，不復存矣。」

劉熙載藝概卷二：「陸士衡詩粗枝大葉，有失出無失入。」

⑧【注】直致，率直而無曲折也。殷璠河嶽英靈集序：「至如曹劉詩，多直致少切對。」成玄英莊子大宗師篇疏云：「直致任眞，率性而往。」案：平原徒尙規矩，語多排比，無天然錯落之美，去直致遠矣。

⑨【注】詩品上潘岳條：「余常言陸才如海。」

文心才略篇：「陸機才欲窺深，辭務索廣，故思能入巧，而不制繁。」

陸雲與平原兄書曰：「兄文方當日多，但文實無貴於爲多，多而如兄文者，人不饜其多也。」

晉書陸機傳引葛洪語：「機文猶玄圃之積玉，無非夜光焉。五河之吐流，泉源如一焉。其弘麗妍贍，英銳漂逸，亦一代之絕乎。」

⑩【注】世說新語文學篇注引文章傳：「機善屬文，司空張華見其文章，篇篇稱善。猶譏其作文大冶。謂曰：『人之作文患於不才；至子爲文，乃患太多也。』」（案：晉書陸機本傳亦引張華此語）。

## 晉黃門郎潘岳①

其源出於仲宣②。翰林嘆其「翩翩然如翔禽之有羽毛，衣服之有綃縠。

猶淺於陸機③。」謝混云：「潘詩爛若舒錦，無處不佳；陸文如披沙簡金，往往見寶④。」嶸謂：益壽輕華，故以潘爲勝；翰林篤論，故嘆陸爲深⑤。余常言：陸才如海，潘才如江⑥。

①【校】顧氏文房小說本、說郛本、漢魏叢書本、津逮秘書本、學津討源本、龍威秘書本、螢雪軒本「黃」皆誤作「王」。

【注】晉書卷五十五潘岳傳：「潘岳，少以才穎見稱鄉邑，號爲奇童。辟司空太尉府，舉秀才，出爲河陽令，尋爲著作郎，遷給事黃門侍郎。性輕躁，趨世利。受誣，夷三族。岳美姿儀，辭藻絕麗，尤善爲哀誄之文。」

隋志：「晉黃門郎潘岳集十卷。」

許講疏：「漁洋詩話曰：『潘岳宜在中品。』案，王潘相次，與曹陸相次同意。」

案：潘岳，字安仁，滎陽中牟人（今河南中牟縣東）。生於蜀漢後主延熙十年，遇害於晉惠帝永寧元年（二四七—三〇一）。丁氏全晉詩卷四存潘岳詩十八首，文選錄九首。今傳詩文集有潘黃門集一卷，見於漢魏六朝百三家集。近人何融有潘岳年譜一卷（知用叢刊第二集），及鄭文有潘安仁年譜初稿一卷，章泰笙有晉潘岳生卒年考（中央圖書館復刊第一卷四期）。

又，李彙注云：「案，晉書潘岳傳只有『轉散騎侍郎』之言，而無岳仕爲黃門侍郎之言。」

李氏案語非是。商務百衲本廿四史晉書潘岳本傳云：「轉散騎侍郎，遷給事黃門侍郎。」言之甚明，不知李氏據何本而言。

②【注】案：茂先、安仁、景陽並出於仲宣，大抵尚清綺，不貴深蕪。劉熙載藝概卷二云：「王仲宣、潘安仁悲而不壯。」則王、潘同派。又世說新語引孫興公語：「潘文淺而淨」；文心誄碑篇：「潘岳……巧於序悲，易入新切」，與記室評仲宣「文秀質羸」，「發愀愴之詞」意相類，正是仲宣一脈。

③【校】吟窗雜錄本、對雨樓本、擇是居本、山堂考索本、稗編，「衣服」並作「衣被」。

【注】李充翰林論云：「潘安仁之爲文也，猶翔禽之羽毛，衣被之綃縠。」蓋仲偉所據。許文雨文論講疏李充翰林論注：「嚴可均云：『見初學記二十一御覽五百九十九。』案此條須參以詩品，增輯『猶淺於陸機』語，始見翰林微旨。」案：下云「翰林篤論，故歎陸爲深」，蓋可證「猶淺於陸機」爲翰林語。

案：孫綽云：「潘文淺而淨，陸文深而蕪。」可知潘淺陸深乃當日時論，又如：文心體性篇：「安仁輕敏，故鋒發而韻流；士衡矜重，故情繁而詞隱。」又陳祚明采菽堂古詩選卷十一：「安仁過情，士衡不及情；安仁任天眞，士衡準古法。」元遺山論詩絕句：「鬪靡夸多費覽觀，陸文猶恨冗於潘。心聲只要傳心了，布穀瀾翻可是難。」或言潘輕敏，或言潘天眞，亦可視爲潘淺之助證。

④【注】古箋：「案世說文學篇注引孫興公云：潘文爛若披錦，無處不善；陸文若排沙簡金，往往見寶。（聿案，據楊勇世說新語校箋，此段文字為正文，非注引）仲偉以為益壽之言，豈益壽祖述興公邪。」李徽注案：「此一段評文，世說新語以為孫綽之言。劉義慶十歲時，謝混乃卒。此評如出謝混之口，則義慶似應知之。又義慶以其封王之尊，廣招文學之士，袁淑、陸展、何長瑜、鮑照皆從之游。義慶之書，此輩理應過目。然而不改，則可推知此輩亦以為然。又劉孝標注世說引援詳確，盛享後人之譽，而於此不提出一異說，蓋其可信之故。以此種種而推之，則雖未敢確言，而總之義慶之說較信。……仲偉言其出謝混，疑為誤矣。」

文心才略篇：「潘岳敏給，辭自和暢，鍾美於西征，賈餘於哀誄，非自外也。」體性篇：「安仁輕敏，故鋒發而韻流。」

世說新語文學篇引續文章志曰：「岳為文選言簡章，清綺絕倫。」

車校證：「法國國立圖書舘所藏敦煌所出唐寫本類書（伯氏二五二四）文筆部舒錦條有云：『潘岳美麗，時號曰錦字文章，爛若舒錦，無處不加。』」

案：上引數語，非言潘詩，然自其文而觀其詩，雖不中亦不遠矣。安仁詩如：「川氣冒山嶺，驚湍激巖阿，歸雁映蘭時，游魚動圓波」、「春風緣隟來，晨溜依檐滴」、「落英隕林趾，飛莖秀陵喬」等句，誠所謂爛若舒錦者也。

⑤【注】黃侃云：「觀其所取，蓋以沈思翰藻爲貴者，故極推孔、陸而立名曰翰林。」文論講疏李充翰林論注：「案世說新語文學篇注引孫興公云：『潘文爛若披錦……』詩品引謝混云：『潘詩爛若舒錦……』並稱潘之輕華。翰林以禽羽綃縠況潘之文，其於作風之體認，雖與興公益壽無殊。然優劣之見恰與孫、謝相反。檢詩品潘岳品云：『翰林歎其……』，又云：『翰林篤論……』，知翰林之旨，實甲陸乙潘，自異於贊潘文之無處不佳者矣。」

⑥【注】許講疏：「按此評潘陸二人高下，實遵翰林之論。詩源辨體卷五云：『安仁體製既亡，氣格亦降，察其才力，實士衡之下，元美謂安仁氣力勝士衡，誤矣。鍾嶸云：「陸才如海，潘才如江」，黃子雲野鴻詩的云：「安仁情深，而語冗繁，唯內顧詩『獨悲』云云一首，悼亡詩『曜靈』云云一首，抒寫新婉，餘罕佳構。昔人謂之潘江過矣。」』此皆承仲偉貶潘之意，或又加甚其辭也。陳祚明評選曰：『安仁情深，之子每一涉筆，淋漓傾注，宛轉側折，旁寫曲訴，刺刺不能自休。夫詩以道情，未有情深而語不佳者，所嫌筆端繁冗，不能裁節，有遜樂府古詩含蘊不盡之妙耳。安仁篤情，士衡不及情；安仁任天眞，士衡準古法。夫詩以道情，天眞既優，而以古法繩之，曰未盡善可也。蓋古人能用法者，中亦以天眞爲本也。情則不及，而曰吾能用古法，無實而襲其形，何益乎。故安仁有詩，而士衡無詩。鍾嶸惟以聲格論詩，曾未窺見詩旨，其所云陸深而蕪，潘淺而淨，互易評之，恰合不謬矣。

不知所見何以顚倒至此。』倩父此評，實亦遙本益壽，與記室左傾於翰林論者自殊。倩父不尋其立說之點，顓恃意氣爭之，已屬不當；且深蕪與淺淨二種意誼，亦有誤解。」

文心誄碑篇：「潘岳構意，專師孝山，巧於序悲，易入新切。觀其序事如傳，辭靡律調，固誄之才也。」哀弔篇：「及潘岳繼作，實鍾其美，觀其慮贍辭變，情同哀苦，敍事如傳，結言摹詩，促節四言，鮮有緩句，故能義直而文婉，體舊而趣新。」案：潘岳悼亡，滋味清淳，是情深之作，至若思子、顧內詩，並鬱結多悲，悽然足哀者，惜乎仲偉未言及之。文心碑誄雖言文爲主，然亦可推見安仁善述悲情之一斑。

## 晉黃門郎張協①詩

其源出於王粲②。文體華淨，少病累③。又巧構形似之言④。雄於潘岳，靡於太沖⑤。風流調達，實曠代之高手⑥。詞采葱蒨⑦，音韻鏗鏘，使人味之亹亹不倦⑧。

①【注】晉書卷五十五：「張協，少有雋才，與載齊名。于時天下已亂，所在寇盜，協遂棄絕人事，屏居草澤，守道不競，以屬詠自娛。永嘉初，復徵爲黃門侍郎，託疾不就。」隋志：「晉黃門郎張協集三卷。」注：「梁四卷，錄一卷。」案：張協字景陽，安平灌津人（今河北安平），生卒年均不詳，或曰卒於晉懷帝永嘉元年

（三〇七）。兄載，見下品。丁氏全晉詩卷四存張協詩十三首，文選錄十一首。今傳張景陽集一卷，見於張溥漢魏六朝百三家集。

②【注】陳石遺詩品平議：「（協詩）不及太沖，焉問王粲。其以爲源出於粲者，殆以第七首（指雜詩）：『此鄉非吾地，此郭非吾城』二句，有仲宣登樓賦之意耶。」

陳注：「景陽詠史及雜詩，流韻清綺，風味雋永，固是濫觴仲宣焉。」

許講疏：「詩源辨體卷五曰：『宋景濂謂安仁茂先景陽學仲宣，此論出於鍾嶸，不免以形似求之。』案仲宣景陽同以情勝，形製猶次焉爾。江淹雜體詩序曰：『仲宣文多兼善，辭少瑕累』，與此品協詩少病累同。」

③【注】文心明詩篇：「景陽振其麗。」

劉藝概卷二：「張景陽詩開鮑明遠，明遠遒警絕人，然練不傷氣，必推景陽獨步。苦雨諸詩，尤爲高作。故鍾嶸詩品獨稱之。文心雕龍明詩云景陽振其麗，何足以盡景陽哉。」

案：景陽雜詩諸作，華而鮮長語，不流蕪穢，故云少病累，正是後世清綺一派之先導。

④【注】文心物色篇：「自近代以來，文貴形似，窺情風景之上，鑽貌草木之中。吟詠所發，志惟深遠；體物爲妙，功在密附。」

許講疏：「漁隱前集八引詩眼云：『形似之意，蓋出於詩人之賦，「蕭蕭馬鳴，悠悠旆旌」是也。古人形似之詩，如鏡取形，燈取影也。』船山古詩評選卷四曰：『詩中透脫語，自景陽開先，前無倚後無待，不資思致，不入刻畫，居然爲天地間說出，而景中賓主，意中觸合，無不盡者。』又云：『此猶天之寒暑，物之生成，故曰化工之筆。』」

案：讀景陽雜詩，六義之賦體也，貴形似，然情自寓於中矣。如雜詩第十首：「墨蜧躍重淵，商羊舞野庭。飛廉應南箕，豐隆迎號屏。雲根臨八極，雨足灑四溟。霖瀝過二旬，散漫亞九齡。階下伏泉湧，堂上水依生。洪潦浩方割，人懷昏墊情。沈液漱陳根，綠葉腐秋莖。里無曲突煙，路無行輪聲。環堵自頹毀，垣閭不隱形。尺燼重尋柱，紅粒貴瑤瓊。君子守固窮，在約不爽貞。雖榮田方贈，慙爲溝壑名。取志於陵子，比足黔婁生。」苦雨之章，情景巧且富矣。

又，「巧構形似之言」，頗爲六朝所重，故詩品序卽以五言於指事造形窮情寫物最爲詳切；靈運、延之、鮑照並以形似卓然而立。他如宋書謝靈運傳論言「相如巧爲形似之言」，顏氏家訓文章第九言「何遜詩實爲清巧，多形似之言」，皆此類也。

⑤【注】許講疏：「……試就潘張之詩觀之，安仁寫景之詩曰：『游魚動圓波』，『時菊耀秋華』，興象本極生發。而繼之曰：『依水類浮萍，寄松似懸蘿』，則頓失之弱矣。若景陽『寒花發黃采，秋草含綠滋』，亦寫卽景，而能振之曰：『閑居玩萬物』，『高尚遺王侯』，得非雄于安仁乎？更就張左之詩觀之：景陽詩曰：『密葉日夜疎，叢林森如束』，太沖詩曰：『柔條旦夕勁，綠葉日夜黃』，同寫秋象，詞亦近似，而太沖詩終之曰『高志局四海，塊

然守空堂，壯齒不恆居，歲暮常慨慷』，幽情忽奮，靡辭爲之變色。若景陽則終意屈於

象，逐靡不返。執是定品，豈非所謂靡於太沖乎？」

⑥【校】御覽五八六「高手」作「高才」。各本並作「高手」。

車校證：「作『高才』於文較雅，音韻亦較勝。上下文句末字，皆以一平一仄調諧。手蓋

才之形誤，或由聯想而誤。抱朴子外篇鈞世有云：『諸碩儒高才之賞文者。』又顏氏家訓

六書證第十七云：『然其文義允愜，實是高才。』並與此高才同例。」

⑦【校】歷代詩話本、古箋本，「詞」作「調」，誤。說郛本、漢魏本、續百川學海本、說海彙編

本、龍威本、詩觸本、陳注本「蔥」作「蔥」，以「蔥」爲正。詩觸本、歷代詩話本、古

箋本、陳注本、「蒨」作「菁」。「蔥青」、「蔥蒨」，並可解作鬱盛貌。

⑧【注】文心時序篇：「應傳三張之徒，并結藻清英，流韻綺靡。」

詩源辨體卷五：「景陽五言雜詩，華采俊逸，實有可觀。如「房櫳無行迹，庭草萋以綠。

青苔依空牆，蜘蛛網四屋」，「浮陽映翠林，迴猋扇綠竹。飛雨灑朝蘭，輕露栖叢菊」，

「借問此何時，蝴蝶飛南園。流波戀舊浦，行雲思故山」等句，皆華采俊逸者也。鍾嶸謂

景陽雄于潘岳，至使人亹亹不倦，此論甚當。滄浪詩評止稱太沖，而不及景陽，未免爲過

耳。」

案：仲偉反對聲病，於休文之論，尤爲痛絕，此處獨揄揚協詩「音韻鏗鏘」，惟在口吻調

利本乎天籟也。

## 晉記室左思①詩

其源出於公幹②。文典以怨，頗爲精切③，得諷諭之致④。雖野於陸機⑤，而深於潘岳⑥。謝康樂常言：「左太沖詩、潘安仁詩，古今難比⑦。」

①【注】晉書卷九十二：「左思，貌寢口訥，而辭藻壯麗。造齊都賦，一年乃成。復欲賦三都，構思十年，豪貴之家，競相傳寫，洛陽爲之紙貴。齊王冏命爲記室督，辭疾不就。」隋志：「晉齊王府記室左思集二卷。」注：「梁有五卷，錄一卷。」案：左思，字太沖，臨淄人（今山東臨淄）。生卒年均不詳，約當晉初。一說以爲左思約生於蜀漢後主延熙十三年，卒於晉惠帝永興二年（二五〇？—三〇五？）。妹左芬，亦有文名。丁氏全晉詩卷四存左思五言詩十二首及四言二首；文選錄十一首。而詠史八首爲才力所萃。有集五卷，今不傳，文完整者僅四篇，見嚴可均輯全晉文。

②【注】許講疏：「按仲偉前評公幹詩，以爲仗氣愛奇，動多振絕，但雕潤恨少。藝苑卮言卷三亦謂太沖莽蒼，但太不雕琢。詩源辨體卷五又論太沖語多訐直。是皆足徵其淵源之所自也。劉熙載詩概『劉公幹左太沖詩壯而不悲。』以劉左同談，則關係愈見。」

③【注】文心才略篇：「左思奇才，業深覃思，盡銳於三都，拔萃於詠史。」

古箋：「案，文典以怨，得諷諭之致，謂詠史八首也。」

許講疏：「按太沖詠史云：『著論準過秦』，是欲效賈生之傷，則其怨亦自明矣。張玉穀古詩賞析卷十曰：『太沖詠史，初非呆衍史事，特借史事以詠己之懷抱也。或先述己意，而以史事證之；或先述史事，而以己意斷之；或止述己意，而史事暗含；或止述史事而己意默寓。』是則其精切可知。」

④【注】王夫之古詩評選：「太沖詠史『荊軻飲燕市』一首曰『豪右何足陳』之下，復就意中平敍四句，不更施論斷。風雅之道，言在而使人自動，則無不動者，恃我動人，亦孰令動之哉。太沖一往，全以結構養其深情。」

沈德潛古詩源卷七：「太沖詠史，不必專詠一人，專詠一事，詠古人而己之性情俱見，此千秋絕唱。後惟明遠、太白能之。」

⑤【注】案：後代詩話，多以「野于陸機」語爲謬。如陳祚明采菽堂古詩評選云：「太沖一代偉人，其雄在才，而其高在志。有其才而無其志，語必虛矯；有其志而無其才，音難頓挫。鍾嶸以爲『野于陸機』，悲哉。彼安知太沖之陶乎漢魏，化乎矩度哉。」沈德潛古詩源卷七：『太沖胸次高曠，而筆力又復雄邁，陶冶漢魏，自製偉詞，故是一代作手，豈潘陸輩所能比埒。」劉熙載詩概：「野者，詩之美也。故表聖詩品中有『疏野』一品。若鍾仲偉謂左太沖野于陸機，野乃不美之辭。然太沖是豪放，非野也，觀詠史自見。」以上三子，並

以「野」爲不美之辭。孔子嘗言質勝文則野，太沖原於公幹，詠史諸什，坎壈詠懷，造語奇偉，不若陸機之綺練，故謂之野，言質勝文也。

⑥【注】案：黃子雲野鴻詩的云：「太沖祖述漢魏，而修詞造句全不沿襲一字，落落寫來，自成大家。」潘詩淺淨，氣淸情婉，不若左詩骨勁文典也。

⑦【注】許講疏：「案康樂詩實擅有二種之長：一曰妙合自然，取之于喻，猶如初發芙蓉。二曰經緯緜密，察諸其文，恆見麗典絡繹。自前者言之，潘詩輕華，容有螺蛤之思。由後者言之，左詩精切，尤篤平生之好。其所以置左於潘上者，亦緣己之所作，多出深思苦索，鍛鍊而成，如池塘生春草，卒然信口而致者，殆罕有焉。丹鉛餘錄云：『左太沖招隱詩：峭蒨青葱間，竹柏得其眞。五言詩用四連緜字，前無古，後無今。』」

案：康樂贊語，今不審出處。許文雨申明康樂語，似失之比附。

## 宋臨川太守謝靈運①詩

其源出於陳思，雜有景陽之體②。故尙巧似③，而逸蕩過之④。頗以繁蕪爲累⑤。嶸謂：若人興多才高博⑥，寓目輒書，內無乏思，外無遺物，其繁富宜哉⑦。然名章迥句，處處間起；麗典新聲，絡繹奔會⑧。譬猶青松之拔灌木，白玉之暎塵沙，未足貶其高潔也⑨。初錢塘杜明師，夜夢東南有人來入其館，是夕即靈運生於會稽。旬日而謝玄亡⑩。其家以子孫難得，送靈運於杜，治養之⑪（治音稚，奉道之家靖室也。）。十五方還都，故名客兒⑫。

①【注】宋書卷六十七：「謝靈運，祖玄，晉車騎將軍。父瑍。少好學，博覽群書，文章之美，江左莫逮。從叔混特知愛之。襲封康樂公。性奢豪，車服鮮麗，衣裳器物，多改舊制。靈運爲性褊激，多愆禮度。自謂才能宜參權要，既不見知，常懷憤憤。遂移籍會稽，修營別業，傍山帶江，盡幽居之美。每有一詩至，都邑貴賤，莫不競寫，宿昔之間，士庶皆徧，遠近欽慕，名動京師。太祖以爲臨川內史。爲有司所糾，遂有逆志，太祖詔於廣州棄市，時年四十九。」（傳又見南史卷十九）

隋志：「宋臨川內史謝靈運集十九卷。」注：「梁二十卷，錄一卷。」

案：謝靈運，祖籍陳郡陽夏人（今河南太康），生於浙江會稽，晉武帝太元十年生，受刑於宋文帝元嘉十年（三八五—四三三），年四十九。晉車騎將軍謝玄孫。謝氏家族一門風雅，靈運尤名重當世，從叔混、從弟瞻、惠連、從姪世基、朓，皆見中品；謝莊、超宗亦見下品。文選錄靈運詩獨多，計四十二首。丁氏全宋詩卷三存其詩七十三首（含闕文五首），及樂府十九首。今傳詩集以黃節謝康樂詩注四卷最爲通行（藝文印書舘本），尙有殷石臞選注謝靈運詩（商務版）便於初學。張溥漢魏六朝百三家集有謝康樂集二卷。近人丁陶庵有謝康樂年譜（京報文學週刊第四十一、四十二期，民十八年十一月。）郝立權有謝康樂年譜（齊魯大學月刊第六號，民二十四年。）葉瑛亦有謝靈運文學附年譜（學衡第三十三期。）楊勇之謝靈運年譜最爲晚出，收於饒宗頤教授南遊贈別論文集（民五十九年出版）。

【校】「臨川太守」當作「臨川內史」。宋書本傳謂宋文帝以靈運爲臨川內史，隋志亦言「宋臨川內史謝靈運」，皆可爲證。鄭騫從詩到曲云：「宋書靈運傳說他最後的官職是臨川內史，而詩品稱他爲臨川太守。今按：太守與內史，實際雖是一樣而名義不同，這是晉、宋的官制。晉書卷二十四職官志云：『郡皆置太守，諸王國以內史掌太守之任。』宋書卷四十百官志下亦云，宋用晉制，王國太守稱內史。宋時臨川郡是王國，撰世說新語的劉義慶卽是臨川王，所以宋書卷二十六州郡志二，江州郡諸郡長官皆稱太守，只有臨川稱內史。謝靈運的官銜當然是臨川內史；詩品太守之稱，實與當時官制不合。」

②【注】許講疏：「案詩源辨體卷七引李獻吉云：『康樂詩是六朝之冠，然其始本于陸平原。』但仲偉已云平原出陳思，知獻吉所言，仍不離詩品之旨也。陳祚明選靈運酬從弟惠連五章，評其源出陳思，此恐僅就聯章體而言耳。實則陳思之詞彩華茂，大爲靈運導其先路。又陳思之詩，已有響字。詩家直說舉其『朱華冒綠池』『時雨靜飛塵』之『冒』『靜』二字爲例，而靈運詩尤爲數見，如『蘋萍泛沈深，菰蒲冒清淺』，『初篁包綠籜，新蒲含紫茸』，『白雲抱幽石，綠篠媚清漣』，『海鷗戲春岸，天雞弄和風』等句，中字盡響，是與陳思

又有源可溯也。皎然詩式云：『謝詩上躡風騷，下超魏晉，建安製作，其椎輪乎。』斯爲得其宗旨矣。黄子雲野鴻詩的云：『景陽寫景，漸啟康樂。』意殆謂靈運所雜之體乎。陳祚明評選以爲陳思景陽都非靈運所屑，蓋亦過矣。」

案：許文雨氏以嚮字證康樂源于陳思，可謂新見。詩至建安，上承有漢，古風未泯；下啟兩晉，尖穎已露。子建縱施，詞采華茂；康樂踵武，新聲麗典。逮宋，則古之終而律之始也。釋皎然評謝語，斯爲得其宗旨矣。或云：「古詩之法亡於宋」（何仲默語，見明史文苑何景明傳），洵非虛也。

又，記室評景陽詩「巧構形似之言，雄於潘岳，靡於太沖」，此謝客所雜者也。故又云：「故尚巧似，而逸蕩過之。」「故」字實承景陽體而云，然逸蕩超邁景陽。

③【注】文心物色篇：「自近代以來，文貴形似，窺情風景之上，鑽貌草木之中。吟詠所發，志惟深遠；體物爲妙，功在密附。故巧言切狀，如印之印泥，不加雕削，而曲寫毫芥。故能瞻言而見貌，即字而知時也。」

白居易長慶集卷七：「（康樂）洩爲山水詩，逸韻諧奇趣。大必籠天海，細不遺草樹。」

陳繹曾詩譜：「謝靈運以險爲主，以自然爲工。李杜取深處，多取此。」

王世貞藝苑卮言卷四：「謝靈運天質奇麗，運思精鑿。」

王夫之夕堂永日緒論內篇：「把定一題一人一事一物，於其上求形模，求比似，求詞采，求故實，如鈍斧子劈櫟柞，皮屑紛霏，何嘗動得一絲紋理。以意爲主，勢次之。勢者，意中之神理也，唯謝康樂爲能。取勢宛轉屈伸，以求盡其意，意已盡則止，殆無賸語，夭矯連蜷，烟雲繚繞，乃眞龍，非畫龍也。」

劉熙載詩概：「謝客詩刻畫微眇，其造語似子（疑漏「建」字）處不用力而功益奇，在詩家爲獨闢之境。」

案：玄言詩「寄言上德，託意玄珠」，情彩技巧以淡遠爲宗；靈運以山水入詩，題材新穎，技巧亦異。面對客觀山水，「情必極貌以寫物，辭必窮力而追新」，故詩多用譬喻，多用狀詞，以求巧似。

④【注】案：景陽詩篇雖風流調達，寫物巧似，文采聲韻，見其專美，然風力未臻善境，比之靈運，則略遜矣。王夫之古詩評選五：「言情則於往來動止縹緲有無之中，得靈蠁而執之有象；取象則於擊目經心絲分縷合之際。貌固有而言之不欺，而且情不虛情，情皆可景，景非滯景，景總合情。神理流於兩間，天地供其一目，大無外而細無垠，落筆之先，匠意之始，有不可知者存焉。」此析言靈運逸蕩過人之處，最是精到。

⑤【校】山堂考索本、稗篇、漢魏叢書本、螢雪軒本、詩觸本、龍威秘書本、夷門廣牘本、續百川學海本、學津討源本、說郛本、說海彙編本、顧氏文房小說本、吟窗雜錄本、許講疏本、汪中本、古直本、立命館疏本、李彙注本、車校證本並作「繁蕪」；獨陳注本作「繁富」，

與下之「其緐富宜哉」相應。

【注】梁簡文帝與湘東王書謂：「學謝則不屆其精華，但得其冗長。」又謂：「時有不拘，是其糟粕矣。」

案：靈運恃才傲學，易辭莊語，深澀晦隱；模山範水，巉峭危仄，雖云別開蹊徑，然亦難隱其疵也。

⑥【校】夷門廣牘本、漢魏叢書本、詩觸本、龍威秘書本、顧氏文房小說本、說郛本、續百川學海本、學津討源本，作「與多才高博」；各家注本如陳注本、古箋本、許講疏本、汪注本、立命館疏本、李彙注本，皆無「博」字。鄭騫先生以爲此「博」字不可少，詳見從詩到曲頁四十四。車校證：「疑一本『高』作『博』，傳寫因併溷入。作博音韻亦較勝。」案：有「博」字不辭。

【注】詩品序：「元嘉中，有謝靈運，才高詞盛，富豔難蹤。」

宋書謝靈運傳論：「靈運少好學，博覽群書，文章之美，江左莫逮。」

⑦【注】文心明詩注引黃侃詩品講疏：「夫極貌寫物，有賴於深思，窮力追新，亦資於博學。將欲排除膚語，洗盪庸音，於此假途，庶無迷路。世人好稱漢魏，而以顏謝爲繁巧，不悟規摹古調，必須振以新詞。若虛響盈篇，徒生厭倦，其爲蔽害，與勦襲玄語者正復不殊。以此知顏謝之術，乃五言之正軌矣。」

⑧【注】文心明詩篇：「宋初文詠，體有因革。莊老告退，而山水方滋，儷采百字之偶，爭價一句之奇。情必極貌以寫物，辭必窮力而追新，此近世之所競也。」案：康樂之於宋，正似子建之於魏，足以啟展文運，領袖群倫者也。謝客神工默運，聲色大開。吐言清拔，經營慘澹，彥和此論，蓋言大謝也。

陳祚明采菽堂古詩選：「謝康樂詩，如湛湛江流，源出萬山之中，穿巖激石，瀑掛湍迴，千轉百折，歘爲洪濤，及其浩漾澄明，樹影山光，雲容花色，涵徹洞深，蓋緣派遠流長，時或豬爲小潤，亦復搖曳澄潔，波蕩不定。」

⑨【注】案：謝詩雖有滯累，然「麗典新聲」「名章迥句」皆如青松白玉之卓卓然可觀。讀謝詩專注於青松白玉已感力之不逮，何遑疵其灌木塵沙？靈運開山闢水，詠詞新變，一反莊老之平淡，乃知緜密蕪蔓亦不足以掩其聳拔璀粲也。

⑩【校】謝玄當爲謝安之誤。靈運生於晉孝武帝太元十年（即三八五年），是年謝安卒。謝玄卒於太元十三年，去靈運之生已三年。一說以謝玄爲謝瑍之誤，可參見下引許文雨講疏及車柱環校證。

許講疏：「按沈約宋書本傳云：『謝靈運祖玄，晉車騎將軍。父瑍，生而不慧，爲秘書郎，蚤亡。靈運幼便穎悟，玄甚異之，謂親知曰：『我乃生瑍，瑍那得生靈運？』若記室所云者不誤，則靈運生甫旬日，車騎能辨其聰慧，見親知而歎之耶？仲偉殆誤其父瑍爲祖玄歟！」

車校證：「……可知旬日而亡者，非玄。又以常情而論，祖死，不可謂子孫難得。疑玄本作奐，由奐、玄音近，又由聯想而誤。」

⑪【校】案：各本「客兒」之下皆注曰：「治音稚，奉道之家靖室也。」此十字係後人所加注解，非詩品之舊。

⑫【校】宋劉敬叔異苑：「初，錢塘杜明師夢有人入其館，是夕，靈運生於會稽，旬日而謝玄亡，其家以子孫難得，送靈運於杜，治養之，十五方還都，故名客兒。」（見杜詩巖麓山道林二寺行詳注引）。

案：「初錢塘……名客兒」共五十四字，與鍾嶸詩品之體例文詞不一，鍾氏若引故事，必以之證詩人之詩，如中品江淹條、謝惠連條、下品區惠恭條。故疑此五十四字原稿本無，（陳學士吟窗雜錄本卽無此五十四字。）或爲後人引異苑爲注而傳鈔刋刻羼入也。又，車校證亦有此說。

# 詩品中

一品之中，略以世代爲先後，不以優劣爲詮次。又其人既往，其文克定，今所寓言，不錄存者①。

夫屬詞比事，乃爲通談。若乃經國文符，應資博古，撰德駮奏②。宜窮往烈。至乎吟詠情性，亦何貴於用事③？「思君如流水」④，既是即目；「高臺多悲風」⑤，亦唯所見；「清晨登隴首」⑥，羌無故實；「明月照積雪」⑦，詎出經史。觀古今勝語，多非補假，皆由直尋⑧。

顏延、謝莊⑨，尤爲繁密，於時化之。故大明⑩、泰始中⑪，文章殆同書抄⑫。近任昉、王元長等，辭不貴奇，競須新事⑬。爾來作者，寖以成俗。遂乃句無虛語，語無虛字，拘攣補衲，蠹文已甚⑭。但自然英旨，罕值其人。詞既失高，則宜加事義。雖謝天才，且表學問，亦一理乎⑮。

陸機文賦，通而無貶⑯；李充翰林，疏而不切⑰；王微鴻寶，密而無裁⑱；顏延論文，精而難曉⑲；摯虞文志，詳而博贍，頗曰知言⑳。觀斯數家，皆㉑就談文體，而不顯優劣。至於謝客集詩㉒，逢詩輒取；張隲文士㉓，逢人即書㉔。諸英志錄，竝義在文，曾無品第。

嶸今所錄，止乎五言㉕。雖然，網羅今古㉖，詞文始集㉗，輕欲辨彰清濁㉘，掎摭病利㉙，凡百二十人㉚。預此宗流者，便稱才子。至斯三品升降，差非定制，方申變裁，請寄知者爾㉛。

①【校】車校證：「案自『一品之中』至『不錄存者』，乃詩品撰例之一，與下論用事之弊無涉。考中品序論次，此三十五字疑本在下文『止乎五言』下『雖然網羅云云』上，今本此文序在首文，蓋錯簡也。」

②【校】夷門本、山堂考索本、天都閣本作「駮」；他本作「駁」。「駮」「駁」音義同。

③【注】梁簡文帝與湘東王論文書：「若夫六典三禮，所施則有地；吉凶嘉賓，用之則有所。未聞吟詠情性，反擬內則之篇；操筆寫志，更摹酒誥之作。遲遲春日，翻學歸藏；湛湛江水，遂同大傳。」與記室之意正同。

案：江左隸事，意欲逞學，於時篇章，殆同書鈔，詩之滋味喪矣。仲偉詩序，標舉情性，詩人因情造文，非以文誇博，故疊用三義，調以風力丹采，所以顯情性者也。嚴滄浪詩話亦云：「詩有別材，非關書也。」梁元帝金樓子：「文者惟須性靈搖蕩，」袁枚詩云：「天涯有客號詅癡，誤把鈔書當作詩，鈔到鍾嶸詩品日，該他知道性靈時。」語雖諧謔，然意與鍾嶸同。

④【注】見徐幹雜詩：「思君如流水，何有窮已時。」

⑤【注】見曹植雜詩。「高台多悲風，朝日照北林。」

⑥【注】許講疏：「吳均答柳惲首句云：『清晨發隴西』，沈約有所思起句云：『西征登隴首』，仲偉殆誤合二句爲一句邪？」

王疏證：「案：『清晨登隴首』舊注諸家皆不知何人詩。考北堂書鈔一五七引張華詩云：『清晨登隴首，坎壈行山難（山難一作何難），嶺阪峻阻曲，羊腸獨盤桓。』則仲偉所舉，固茂先句矣。」

案：王說爲是。

⑦【注】見謝靈運歲暮詩。「明月照積雪，朔風勁且哀。」

⑧【校】「補假」、「直尋」，吟窗雜錄本作「補綴」、「直置」，以作「補假」、「直尋」爲勝。

【注】案：卽景卽情，情隨景出，乃得眞美，何庸專恃捃摭，仲偉三致意焉！王國維氏人間詞話謂詩之妙處在不隔，與直尋之義近。

⑨【校】車校證：「又『謝莊』疑本作『謝客』。鍾氏於謝莊詩但以『氣候清雅』許之，而無繁密之評。上品序既並舉謝客、顏延之爲元嘉之雄輔，又評靈運詩有云：『頗以繁蕪爲累』，評顏詩則謂『體裁綺密』，正與此『繁密相符。客之作莊，蓋草書形近之誤。」案：車說於理甚愜，然今傳各本皆作「謝莊」，故錄其詞，略備一說。

【注】顏延，顏延之之省，詩入中品。
謝莊，靈運從子，居下品。

⑩【注】大明，宋武帝第二年號，自西元四五七年至四六四年。

⑪【注】泰始，宋明帝第一年號，自西元四六五年至四七一年。

⑫【校】漢魏叢書本「書鈔」誤作「書按」。

⑬【注】任昉，字彥昇，見中品。
王融，字元長，見下品。
南史任昉傳：「好作詩，用事過多，轉爲穿鑿。」詩品中任昉條：「但昉既博物，動輒用事，所以詩不得奇，少年士子，效其如此，弊矣。」
陳祚明評曰：「元長詞備華腴。」

⑭【注】南齊書文學傳論：「今之文章，作者雖衆，總而爲論，略有三體：……次則緝事比類，非對不發。博物可嘉，職成拘制。或全借古語，用申今情，崎嶇牽引，直爲偶說。唯覩事例，頓失精采。」此與仲偉同嘆。

⑮【校】車校證：「案自『屬辭比事』至此專評用事之弊，與下文無涉。竊疑此段本附於謝靈運評語末，以明宋以後上品獨取謝詩之由者。蓋謝亦勤於用事，故鍾嶸評云：『頗以繁蕪爲累』也。惟謝氏以獨造之匠心，經營鉤深，却有反於然，得無如顏延之詩顯然有雕鏤之痕而乏

『自然英旨』矣。」

⑯【注】陸機文賦（并序），見載於文選卷十七。

文心總術篇：「昔陸氏文賦，號爲曲盡。然汎論纖悉，而實體未該。」黃侃札記云：「案，文賦以辭賦之故，舉體未能詳備。彥和拓之，所載文體，幾於網羅無遺。然經傳子史，筆劄雜文，難于羅縷，視其經略，誠恢廓于平原。至其詆陸氏非知言之選，則亦尚待商兌也。」

許講疏：「陸機文賦，妙解情理，心識文體，自可謂之通矣。但仲偉謂其無貶，則殊不見然。賦中明有雖應不和，雖和不悲，雖悲不雅，既雅不豔云云，卽區分褒貶之證也。」案：文之精微，言辭難逮，士衡得之於心，作文賦，自不在褒貶，卽偶及優劣，亦與詩品定甲乙之旨殊。仲偉所謂貶，謂如詩品之分評某某之失也。許所謂貶，乃泛言其失，仲偉非不知也。

⑰【注】晉書九十二文苑傳：「李充，字弘度，江夏人。幼好刑名之學，深抑虛浮之士，嘗著學箴。于時典籍混亂，充刪除煩重，以類相從，分作四部，甚有條貫。累遷中書侍郎。注尚書，及周易旨六篇，解莊論上下二篇，詩賦表頌等雜文二百四十首，行於世。」

黃侃文心雕龍札記：「此翰林論之一斑。觀其所取，蓋以沈思藻翰爲貴者，故推孔、陸而立名曰翰林。」

案：隋志載李充翰林論三卷，今已亡佚。嚴可均全晉文輯得八條，頗難懸揣。然書有名於當世，詩品評潘、陸、景純卽本翰林，然彥和譏其「淺而寡要」（序志），蓋亦時人之論矣。

⑱【注】王微，見中品。

案：隋志雜家有鴻寶十卷，不著撰人，書已亡佚。文鏡秘府論㊅四聲論有云：「王微之製鴻寶」。

⑲【注】案：顏延之論文專篇未詳，惟庭誥有論文之語，不知卽指此否？待考。文心亦譏之：「……將以立論，未見其論立。」（總術）

⑳【注】晉書卷五十一摯虞傳：「虞撰文章志四卷，注解三輔決錄，又撰古文章類聚，區分爲三十卷，名曰流別集，各爲之論，辭理愜當，爲世所重。」

案：摯虞文章流別論、文章流別集及文章志皆亡佚，卷帙多寡，已不可考知。今見輯於嚴可均全晉文、張鵬一關隴叢書（參見郭著中國文學批評史）仲偉於士衡等文論，微寓貶意，而獨重摯虞，豈文志果勝於陸氏諸子乎？文心序志謂：「流別精而少巧（梁書作功）」，才略篇謂：「摯虞品藻流別，有條理焉。」或可爲佐證。

㉑【校】車校證本挩「皆」字。

㉒【注】隋志：「詩集鈔十卷。」注：「謝靈運撰。梁有雜詩鈔十卷，錄一卷，謝靈運撰，亡。」

又云：「詩英九卷。」注：「謝靈運集，梁十卷。」

㉓【校】「隲」或作「騭」。「張隲」，隋書經籍志、山堂考索皆作「張隱」。三國志注、全梁文本作「張隲」。太平御覽引書目錄作「王隲」。生平無從考。文士傳五十卷，已佚。

㉔【校】詩觸本「人」作「士」；餘各本並作「文」。以夷門本作「人」較優。車校證：「當從夷門廣牘本作『人』爲是。考五朝小說大觀收文士傳錄有二十人，而劉楨、潘尼數人外，皆爲尋常文士，與仲偉所謂『逢人卽書』相符，又文士傳所論，不限於詩。凡涉詩賦章奏以及雜著，乃知作『逢文卽書』，則不符文士傳之內容。周履靖所校本幸存詩品之舊。」

㉕【注】許講疏：「仲偉評小謝綺麗風謠，已非盡五言。又評夏侯湛見重潘安仁，以世說考之，乃湛周詩，爲安仁所稱，然周詩實四言也，可知古人著書，例不甚嚴。」李彙注：「許說是也。中品魏文帝條所評『百許篇』，恐亦非盡五言。」案：「止乎五言」僅其原則。其時五言詩體已「居文詞之要，是衆作之有滋味者也。」且「指事、造形、窮情、寫物，最爲詳切。」然樂府、四言，如夏侯湛「周詩」、劉琨「扶風歌」、鮑照「代出自薊北門行」，不乏佳篇，仲偉偶及之，亦批評之常法，非「古人著書，例不甚嚴也」。

【校】車校證：「案文首『一品之中』至『不錄存者』三十五字，當迻在此句下，鍾氏先評陸機等先賢論文之書，次及詩品之撰例。撰例先言品評之詩形，次明所取詩人之界限，末表成之面貌，論理始整然矣。」

㉖【校】許講疏本「網羅」上有一「夫」字，注云：「明鈔本無夫字。」夷門廣牘本、漢魏叢書本、詩觸本、螢雪軒本、龍威秘書本、顧氏文房小說本、歷代詩話本、陳注本、古箋本、李彙注本俱無「夫」字。

㉗【校】王疏證：「案山堂考索、稗篇，引詞文並作詞人。」又，各本「始」並作「殆」，夷門本誤，當作「殆」。

㉘【校】古箋本「辨彰」作「辨章」；各本並作「辨彰」。李彙注：「全晉文卷一百二十一郭璞方言敍：『辨章風謠而區分，曲通萬殊而不雜。』案，辨彰，猶辨章，即品評之意也。古箋正改彰作章。」又，夷門本誤「辨」爲「辦」。

㉙【校】陳注本、古箋本「病利」作「利病」；餘各本並作「病利」。

㉚【校】吟窗雜錄本作「一百二十一人」，車校證補云：「雜錄本於下品阮瑀等七人條，所品之人挩『晉黃門棗據』一人，或由此作『一百二十一人』也。」

【注】案：嶸所品錄得一百二十三家，言百二十人者，舉其成數也。或言一百二十二人，不數古詩也。

㉛【校】車校證：「案自『陸機文賦』至此，略同全書之撰例，不限於中品，疑本亦書諸上品之末。」

## 漢上計秦嘉①嘉妻徐淑②詩③

夫妻事既可傷，文亦悽怨④。爲五言者⑤，不過數家，而婦人居二⑥。徐淑敍別之作，亞於團扇矣⑦。

①【注】全後漢文卷六十六小傳：「秦嘉，桓帝時仕郡，舉上計掾，入洛除黃門郎，病卒於津鄉亭。」

案：秦嘉，字士會，隴西人。生卒年不詳，約當漢桓帝時。丁氏全漢詩卷二存嘉四言三首，五言三首。

②【注】嚴可均鐵橋漫稿卷七後漢秦嘉妻徐淑傳：「隴西秦嘉妻者，同郡徐氏女也，名淑，有才章，適嘉。嘉仕郡，淑居下縣，有疾。嘉舉上計掾，將行，以車迎淑，爲別。嘉遂行，入洛，尋除黃門郎。初，淑生一女，無子，及嘉奉使，淑乞子而養之，尋守寡。時猶豐少，兄弟將嫁之，誓而不許，淑竟毀形不嫁，哀慟傷生。」

隋志注：「梁又有婦人後漢黃門郎秦嘉妻淑集一卷，亡。」

案：徐淑，秦嘉妻，隴西人。生卒年均不詳，約當東漢桓帝時人。丁氏全漢詩卷三存徐淑五言答秦嘉詩一首。

③【校】陳學士吟窗雜錄本、詩觸本、談藝珠叢本、漢魏本、續百川學海本，說郛本、說海彙編本、龍威本、歷代詩話本、螢雪軒本、陳注本、李彙注本等標題末無「詩」字。顧氏文房小說

本、學津討源本、古箋本、許講疏本、車校證本、立命館疏本、汪注本，標題末有「詩」字。夷門廣牘本、天都閣本，中、下品標題，每人名下皆有「詩」字。案：上、中、下三品之標題末各有一「詩」字便足，以下各標題卽循此原則。

李彙注：「案：數人共置一條而並品其詩者，始見於此。上品中不見此例，而中品間見，至於下品，則十有八九，更有多至六七人而束爲一條者，於此可見仲偉評詩態度之一例，卽以上品爲重，而中品下品漸次焉。」

④【注】秦嘉留郡贈婦詩三首，序曰：「嘉爲郡上計，其妻徐淑寢疾還家，不獲面別，贈詩云爾。」

案：今存嘉贈婦詩三首，情辭悽愴。淑答秦嘉詩一首，不似五言，特連「兮」字爲五言耳，遜於嘉作。隋志注言淑有集一卷，已佚，鍾氏既置之中品，其中當有五言，亦未可知。

⑤【校】吟窗雜錄本「爲五言者」上有「二漢」兩字，西溪叢語下引亦同，文意較完整。兩漢爲五言者，仲偉所品，除婦人居二外，亦不過上品之古詩、李陵，中品之徐嘉，下品之班固、酈炎、趙壹八家耳。下云：「而婦人居二」；意亦明白易解，當從之。

⑥【注】案：指漢之班姬及徐淑。

李彙注：「詩品所評婦人之詩，下品又有鮑令暉、韓蘭英二人，而鮑、韓皆齊人也。然則仲偉云『婦人居二』者，只以漢朝而言。」案：李氏未見吟窗雜錄本。

⑦【注】團扇，謂班婕妤怨歌行。

李因篤曰：「不在團扇之亞。淑詩不煩追琢，質任自然，勝於秦掾矣。」

陳石遺曰：「淑詩平平，不及嘉作。舍甄后塘上行，而獨錄此，伍諸劉琨、郭璞、陶潛、顏延之、鮑照、謝朓諸作者，斯不倫矣。團扇其殆庶乎。」

## 魏文帝①詩

**其源出於李陵②，頗有仲宣之體，(體)則新奇③。百許篇率皆鄙直如偶語④。惟「西北有浮雲」十餘首，殊美贍可翫，始見其工矣⑤。不然，何以銓衡羣彥⑥，對揚厥弟者耶⑦。**

①【注】三國志魏志文帝紀：「文皇帝諱丕，字子桓，武帝太子也。建安十六年爲五官中郎將，副丞相，二十二年立爲魏太子，嗣位爲丞相、魏王。漢帝以衆望在魏，乃召群公卿士，告祠高廟，使兼御史大夫張音持節奉璽綬禪位，改延康爲黃初。初，帝好文學，以著述爲務，自所勒成垂百篇。」

隋志：「魏文帝集十卷。」注：「梁二十三卷。」

案：魏文帝曹丕，沛國譙人（今安徽亳縣）。生於漢靈帝中平四年，崩於魏黃初七年（一八七—二二六），年四十。曹氏父子篤好文學，才性亦高，足爲建安之領袖。父操、子叡、弟彪，並在下品；弟植居上品。丕五言婉約悱惻。所著典論論文開中國文學批評之先河。

文選錄丕樂府詩作五首，丁氏全三國詩卷一存文帝詩四十四首（含闕文三首）。黃節嘗注魏文帝詩一卷（見藝文印書館魏文武明帝詩注）；魏文帝集二卷，見收於張溥漢魏六朝一百三家集。

②【注】案：子桓才調清綺，善爲繾綣悱惻之言，若「漫漫秋夜長」，情韻擅揚，足移人意，蓋亦少卿之亞也。故沈歸愚古詩源云：「子桓詩有文士氣，一變乃父悲壯之習矣。要其便娟婉約，能移人情。」

③【校】夷門廣牘本、擇是居本、顧氏文房小說本、續百川學海本、對雨樓叢書本、學津討源本、津逮秘書本、漢魏叢書本、詩觸本、許講疏本，並作「新奇」。歷代詩話本、螢雪軒本陳注本則作「所計」。

古箋：「直案：『新奇』、『所計』均不詞，原文當是『所製百許篇』。『所』字以形近譌爲『新』字；『製』字以音近譌爲『奇』字，或『計』字也。」案：王叔岷疏證亦本古說。

許講疏本斷句作：「頗有仲宣之體，則新奇。」注曰：「按仲偉已云仲宣源出李陵，此又云文帝源于李陵而有仲宣之體，故可致其新奇。說殊周至。今以文帝詩觀之，例如於譙作孟津諸首，華腴矯健，則陳倩父所謂『建安體』者，自不能與少卿盡肖，應共仲宣而論矣。新奇二字，所斷正恰，或本『新奇』作『所計』，殆刻之誤焉。」

案：古氏校改，辭達而已。許氏據對雨樓叢書校刋本斷句，文辭窒塞，非周洽之言。故疑「頗有仲宣之體」下脫一字，或卽「體」字，古書疊字，往往第二字作「〻」，後之抄刻者甚易脫漏，如此可斷句爲：「頗有仲宣之體，體則新奇。」句讀自順暢。記室謂王粲「文秀質羸」，許學夷詩源辨體亦云：「仲宣詩聲韵常緩。」丕詩正有仲宣緜密及質羸之特質，故文心明詩篇云：「子桓慮詳而力緩，故不競於先鳴。」「體則新奇」係指文帝用古樂府，然盡去其中和，增幾分嫵媚，至若秋風變調，音聲新創，與五言迥異，抑亦仲偉所指歟？故文心樂府篇卽云：「魏之三祖，氣爽才麗，宰割辭潤，音靡節平。觀其北上衆引，秋風列篇，或述酣宴，或傷羈戍，志不出於淫蕩，辭不離於哀思，雖三調之正聲，實韶夏之鄭曲也。」此自其風格而言，又文心定勢篇：「自近代辭人，率好詭巧，原其爲體，訛勢所變，厭黷舊式，故穿鑿取新，察其訛意，似難而實無他術也，反正而已。故文反正爲乏，辭反正爲奇。」又通變篇：「宋初訛而新。」此亦體則新奇之意也。

又，車柱環氏詩品校正另發新義，改文句作：「頗有仲宣之體則，新歌百許篇」，足備參考，故錄於後：

車校證：「漢魏本、陳注本、杜注本皆從體字斷句，則字屬下句讀，頗覺不詞。當從則字斷句爲是。體則謂文體之規模。」李徽注：「車師說是也。世界書局印詩人玉屑卷十三引此文，張陳卿標點詩品原文，及文心雕龍明詩篇『文帝、陳思，從轡以騁節。』句范文瀾注引此文，皆正如此斷句。而最近之汪注、立命館疏兩書，亦從是說。前人用體則爲一詞之例，則文選卷五十宋書謝靈運傳論李善注引續晉陽秋云：『自司馬相如、王褒、揚雄諸賢，代尚詩賦，皆體則風騷，詩總百家之言。』續晉陽秋亦出六朝宋時，可證六朝時『體則』爲非罕見之辭。」車校證又云：「歷代詩話本、螢雪軒本、陳注本、杜注本『新奇』皆作『所計』，詩紀正集一二引同。古直云：『原文當是「所製百許篇」……。』案詩人玉屑一三引『新奇』作『新歌』，於文最勝，當從之。『歌』古文作『哥』（高山寺手鈔本文鏡秘府論（北）論對屬章有云：揮紘彈琴而哥。亦歌作哥之例），因誤爲『奇』耳。『哥』誤爲『奇』，後人見『新奇百許篇』之不可通，仍以形近而改新爲所，以音近而改奇爲計，『所計百許篇』義雖可通，但決非詩品之舊也。古直復定爲『所製百許篇』，亦臆說耳。」

④【校】「鄙直」或作「鄙質」，如螢雪軒本、陳注本。

【注】子桓艷歌何嘗行、折楊柳行諸作，時雜俚語，最是樂府本色。鄙直殆謂此歟！又文帝支脈得三子，嵇康「訐直」，應璩「善爲古語」，陶潛「質直」，益可證仲偉之言。

⑤【注】案：此指子桓體則新奇之作。陳祚明采菽堂古詩選卷五曰：「子桓筆姿輕俊，能轉能藏，是其所優。轉則變宕不恆，藏則含蘊無盡。」又「西北有浮雲」係雜詩第二首起句。

⑥【注】案：文帝典論論文臧否人物、論文得失，爲中國文學批評之嚆矢。與吳質書復相爲表裏。

⑦【注】文心才略篇：「魏文之才，洋洋清綺，舊談抑之，謂去植千里。然子建思捷而才儁，詩麗而表逸；子桓慮詳而力緩，故不競於先鳴。而樂府清越，典論辯要，迭用短長，亦無懵焉。但俗情抑揚，雷同一響，遂令文帝以位尊減才，思王以勢窘益價，未爲篤論也。」范注曰：「鍾嶸列思王於上品（案，原注誤植爲中品，當改），文帝於中品。明詩篇曰『兼善則子建仲宣。』是彥和之意，亦以子建詩優於文帝也。而樂府清越，典論辯要，則亦特有所長，不得一概抑之，彥和此說，誠是篤論。」

## 晉中散嵇康①詩

頗似魏文，過爲峻切②，訐直露才，傷淵雅之致③。然託喻清遠，良有鑒裁，亦未失高流矣④。

①【注】晉書卷四十九：「嵇康早孤，有奇才，遠邁不群，身長七尺八寸，美詞氣，有風儀。學不師受，博覽，無不該通，長好莊老。與魏宗室婚，拜中散大夫。所與神交者，惟陳留阮籍，河內山濤；豫其流者，河內向秀，沛國劉伶，籍兄子咸，瑯邪王戎，遂爲山林之遊，世所謂竹林七賢也。以呂安事繫獄遇害。」

隋志：「魏中散大夫嵇康集十三卷。」注：「梁十五卷，錄一卷。」

案：嵇康字叔夜，譙國銍人（今安徽宿縣西），生於魏文帝黃初四年，遇害於魏常道鄉公景元三年（二二三—二六二），年四十。康未入晉世，稱晉中散非也；晉書、隋志正稱魏中散大夫。三國志魏志裴注及世說新語亦載其事迹。文選錄嵇詩七首，丁氏全三國詩卷四存其詩五十三首（含四言、五言、六言及七言）。嵇中散集見四部備要本（中華書局），四部叢刊影印明黃省曾輯刻本十卷及漢魏六朝一百三家集，又近人周預材校訂本較善。民國劉汝霖編有大文學家嵇叔夜年譜（益世報國學周刊，民國十八年十二月）。

②【注】案：叔夜峻切，過於魏文，彥和亦謂嵇旨清峻，蓋亦時人之共論。劉申叔嘗言：「東晉之詩，其清峻之篇，大抵出自叔夜。」（中古文學史講義）

③【注】案：嵇四言幽憤詩，誌呂安繫獄之事，語多憤歎，有違溫柔敦厚之情；其絕交書亦乏含吐之致。至其所傳五言，則未見奸直露才之作，殆亦多所散失歟！

④【注】向秀思舊賦：「嵇志遠而疏。」

許講疏：「按如叔夜酒會數首，淡宕有致，王船山所謂賦即事自遠；陳祚明所謂未有酒會之意，但覺身世之感甚深。誠皆知言矣。陳祚明又云：『嵇中散詩，如獨流之泉，臨高赴下。其勢一往必達，不能曲折瀠洄，然固澂澈可鑒。』亦可謂達仲偉所謂鑒裁之意。」

陳祚明采菽堂古詩選：「叔夜實開晉人之先，四言中饒雋語，以全不似三百篇故佳。五言句法，初不矜琢，同於秀氣。時代所限，不能爲漢之古樸，而復少魏響之鮮艷。」

## 晉司空張華①詩

其源出於王粲②。其體華艷，興託不奇③。巧用文字④，務爲妍冶⑤。雖名高曩代，而疏亮之士，猶恨其兒女情多，風雲氣少⑥。謝康樂云：「張公雖復千篇，猶一體耳⑦。」今置之中品疑弱；處之下科恨少，在季孟之間耳⑧。

①【注】晉書卷三十六：「張華，學業優博，辭藻溫麗朗贍。名重一世，衆所推服，當時詔告，皆所草定，聲譽益盛，有台輔之望焉。爲趙王倫所害。著博物志十篇，及文章並行于世。」

隋志：「晉司空張華集十卷。」注：「錄一卷。」

案：張華字茂先，范陽方城人（今河北固安縣西），生於魏明帝太和六年，遇難於晉惠帝永康元年（二三二—三〇〇）年六十九。仕魏爲太常博士。晉受禪，拜黃門郎，遷中書令，封壯武郡公，拜司空。性愛人物，一時名士如陸機兄弟、束皙、摯虞、陳壽、左思，皆出其門下。丁氏全晉詩卷二存華詩三十二首，文選錄六首。漢魏六朝一百三家集有張司空集一卷。姜亮夫編有張華年譜。

②【注】案：仲宣情勝，文詞秀發；茂先妍冶綺靡，頗似之。

③【校】車校證：「『其體』疑本作『文體』，涉上文『其』字而誤也。上品張協詩評語：『其源出於王粲，文體華淨。』中品陶潛詩評語：『其源出於應璩……文體省淨。』並可證此文『其』字之誤。」案：各本並作「其」字，無作「文」者。

③【注】案：「興託不奇」蓋貶抑之詞，故下有「雖復千篇，猶一體耳」之嘆。陳繹曾詩譜云：「張華氣清虛，思頗率。」詩源辨體卷五云：「茂先五言，如『居歡惜夜促，在慼怨宵長』『道長苦智短，責重困才輕』，則傷於拙矣。」大抵茂先詩近於樂府，善鋪敍，而重文采，惜少創調之才，故云。

④【注】案：文心麗辭篇：「張華詩稱『遊雁比翼翔，歸鴻知接翮』，若斯重出，卽對句之駢枝也。」則茂先用文字，亦有不巧者矣。

⑤【注】許講疏：「文心雕龍時序篇云：『茂先搖筆而散珠。』亦言其文字之妍冶也。詩源辨體云：『茂先如「朱火清無光，蘭膏坐自凝。」「佳人處遐遠，蘭室無容光。」「巢居知風寒，穴處識陰雨，不曾遠別離，安知慕儔侶。」等句，其情甚麗。』」

⑥【注】元遺山論詩絕句：「風雲若恨張華少，溫李新聲奈爾何。」

黃子雲野鴻詩的：「茂先失于氣餒而不健，然其雍和溫雅，中規中矩，頗有儒者氣象。」

案：安仁茂先，情辭淺綺，少矯健之致，乃性之所近，蓋亦時代推移，建安風力遠矣。

⑦【校】夷門本、天都閣本作「爾」，他本作「耳」。「爾」、「耳」亦通。

【注】詩源辨體卷五：「張茂先五言得風人之致，題曰雜詩、情詩，體固應爾。或疑其調弱，非也。觀其答何劭二作，其調自別矣。但格意終少變化，故昭明不多錄耳、謝康樂云：張公雖復千篇，猶一體也，語雖或過，亦自有見。」

⑧【校】王疏證：「案中疑上之談。上品疑弱，下科恨少，明其所以列之中品之故，故下文云：『在季孟之間』也。」案：中字不誤，此蓋謂在中下之間，今雖置中，猶嫌弱耳。

## 魏尚書何晏①晉馮翊守孫楚②晉著作王贊③晉司徒掾張翰④晉中書令潘尼⑤詩

平淑鴻鴈之篇，風規見矣⑥。子荊零雨之外，正長朔風之後⑦，雖有累札，良亦無聞⑧。季鷹黃華之唱⑨，正叔綠蘩之章⑩，雖不具美，而文彩高麗。並得虬龍片甲，鳳凰一毛⑪。事同駮聖⑫，宜居中品。

①【注】三國志魏志卷九曹爽傳：「曹爽以晏諂爲尚書，晏，何進孫也。少以才秀知名，好老莊言，作道德論，及諸文賦著述凡數十篇。」裴注云：「爽用爲散騎侍郎，遷侍中尚書。」

隋志：「魏尚書何晏集十一卷。」注：「梁十卷，錄一卷。」

案：何晏字平叔，南陽宛人（今河南南陽）。生年不詳，卒於魏齊王嘉平元年（？—二四九）。丁氏全三國詩卷三存何晏五言詩二首。

②【注】晉書五十六：孫楚，才藻卓絕，爽邁不群。惠帝初，爲馮翊太守。」

隋志：「晉馮翊太守孫楚集六卷。」注：「梁十二卷，錄一卷。」

案：孫楚字子荊，太原中都人（今山西平遙），生年不詳，卒於晉惠帝元康三年（？—二九三)。丁氏全晉詩卷四存楚詩五言二首,四言四首,文選錄五言一首。孫馮翊集一卷見於漢魏百三家集。

③【校】吟窗雜錄本、全梁文本、歷代詩話本、螢雪軒本、陳注本作「王讚」;夷門廣牘本、顧氏文房小說本、續百川學海本、說郛本、學津討源本、龍威本、詩觸本、漢魏本作「王贊」;許講疏本作「王瓚」。今從晉書、隋志注作「王讚」。「王讚」之上許講疏本作「晉著作郎」;其餘各本並作「晉著作」,無「郎」字。

【注】文選注引臧榮緒晉書:「王瓚,博學有俊才,辟司空掾,歷散騎侍郎卒。」(事蹟又見於晉書卷一〇四石勒傳)

隋志注:「梁有散騎侍郎王讚集五卷,亡。」

案:王讚字正長,生卒年均不詳,約當於晉惠帝、懷帝之時。義陽人(今河南桐柏縣東)。

丁氏全晉詩卷四存王讚詩四言二首,五言一首,文選錄其五言雜詩。

又,王讚爲著作郎事,晉書、隋志、及文選善注均無記載,待考。

④【注】晉書卷九十二:「張翰,有清才,善屬文而縱任不拘。齊王冏辟爲大司馬東曹掾。其文筆數十篇行于世。」

隋志注:「梁有大司馬東曹掾張翰集二卷,錄一卷。」

案:張翰字季鷹,吳郡吳人(今江蘇吳縣)。生卒年俱不詳,約魏高貴鄉公甘露至晉元帝大興間在世。生性恬淡，棄官歸，卒年五十七。丁氏全晉詩卷四存張翰詩六首，文選錄其五言雜詩一首。

⑤【注】晉書卷五十五：「潘尼，少有清才，與岳俱以文章見知。永興末爲中書令，永嘉中遷太常卿。」

隋志：「晉太常卿潘尼集十卷。」

案：潘尼，字正叔，滎陽中牟人（今河南中牟縣東），爲潘岳（見上品）之從子。生年不詳，約卒於晉懷帝永嘉中。丁氏全晉詩卷四存潘尼詩二十四首，文選錄四首，漢魏六朝百三家集有潘太常集一卷。

⑥【校】夷門廣牘本、吟窗雜錄本、顧氏文房小說本、續百川學海本、螢雪軒本、詩觸本、學津討源本、說郛本等並作「鴻鴈」。歷代詩話本、陳注本、許講疏本、車校證本作「鴻鵠」，蓋據何晏詩「鴻鵠比翼遊」而改。作「鴻鵠」是。

【注】世說規箴篇注引名士傳曰：「是時曹爽輔政，識者慮有危機。晏有重名，與魏姻戚，內雖懷憂，而無復退也。著五言詩以言志曰：『鴻鵠比翼遊，群飛戲太清。常畏大網羅，憂禍一旦幷。豈若集五湖，從流唼浮萍。永寧曠中懷，何爲怵惕驚。』」案：鴻鵠詩託體比興，有詩人諷時自規之旨焉。

⑦【注】案：孫楚征西官屬送於陟陽侯作詩一首，有「晨風飄歧路，零雨被秋草」之句。王讚雜詩

有「朔風動秋草，邊馬有歸心」之句。故云「子荆零雨」，「正長朔風」。宋書謝靈運傳論：「……子荆零雨之章，正長朔風之句，並直舉胸情，非傍詩史。正以音律調韻，取高前式。」案：零雨晨風，即目所見；朔風邊馬，皆由直尋，此仲偉所推許。據休文之言，則二詩音節高妙，可爲典式。

⑧【注】許講疏：「然則仲偉所謂累札無聞者，卽言子荆正長他詩坐少此種，並非謂他詩皆不佳也。」

汪注：「仲偉累扎無聞，蓋謂子荆正長他篇不能稱是也。」

案：汪說爲是。

⑨【注】案：張翰雜詩有「黃華如散金」之句。晉書稱其「黃華之什，濬發神府。」李白亟稱「張翰黃華句，風流五百年。」（送張十一遊東吳詩）文心才略篇：「季鷹辨切於短韻。」

⑩【注】潘尼迎大駕有「緣蘩被廣隰」之句。

⑪【注】立命館疏：「以上二句，非僅評張翰潘尼二子，蓋評何晏以下諸子也。」（意譯）

⑫【校】他本作「駁」。「駁」「駮」同。李彙注：「案：說文：『駁，馬色不純。』莊子天下篇：『其道舛駁。』疏：『雜揉也。』此『駁聖』者，疑爲『雜聖』也。上句云：『並得虬龍片甲，鳳凰一毛』，以評何平叔等五人之詩，爲皆各有如以上所舉一二佳篇，而其餘率不得善者。然則此『雜聖』者，謂非純善之聖，而間或雜有善品之聖也。鄭文焯云：『可對

雜霸』者，恐其含義亦在此也歟。」

案：不必改雜，駁即雜義。

## 魏侍中應璩①詩

祖襲魏文②，善爲古語③。指事殷勤④，雅意深篤，得詩人激刺之旨⑤。至於「濟濟今日所」⑥，華靡可諷味焉⑦。

①【注】三國志魏志卷二十一王粲傳：「瑒弟璩，以文章顯，官至侍中。」裴注引文章敍錄曰：「璩博學，好屬文，善爲書記文。明帝世，歷官散騎常侍。曹爽秉政，多違法度，璩爲詩以諷焉。其言雖頗諧合，多切時要，世共傳之。卒，追贈衞尉。」

隋志：「魏衞尉卿應璩集十卷。」注：「梁有錄一卷。」又隋志干寶撰百志詩九卷原注：「梁又有應貞注應璩百一詩八卷，亡。」文心雕龍范注：「魏書李壽傳『龔壯作詩七首，託言應璩以諷壽。』是百一詩有後人依託，故多至八卷。」

案：應璩，字休璉，汝南人（今河南汝南），建安七子五官將文學應瑒之弟。生於漢獻帝初平元年，卒於魏齊王嘉平四年（一九〇—二五二），年六十三。丁氏全三國詩卷三存休璉五言詩七首（含闕文二首詳見注⑤），文選錄百一詩一首。應休璉集一卷見漢魏六朝一百三家集。

②【注】案：魏文入中品，歌行率皆鄙直如偶語，今讀百一詩，拙樸深篤，是鄙直近魏文也。故文

心明詩篇卽言：「若乃應璩百一，獨立不懼，辭譎義貞，亦魏之遺直也。」又子桓詩偶有「美贍可翫」之作，休璉亦時雜「華靡可諷味」之章，是又近魏文也。

許講疏：「再如璩詩純用古事，此與魏文煌煌京雒行、折揚柳行，議論故事者尤近。徐昌穀談藝錄謂璩詩微傷於娟，與仲偉評魏文贍美可翫，更覺同脈。」

③【注】許講疏：「詩源辨體卷四論云：『應璩百一詩則猶近拙樸。』詩藪外篇卷一云：『如「下流不可處，君子愼厥初。所占于此土，是爲仁智居」皆拙樸語。』按齊書文學傳論所言三體，其次一體，所謂『全借古語，用申今情』，卽舉應璩指事爲例。蓋加以事義，故其詩不得奇。」

④【注】齊書卷五十二文學傳論：「應璩指事。」

⑤【注】魏志王粲傳裴注引文章敍錄曰：「齊王卽位，曹爽秉政，多違法度，璩爲詩以諷焉。其言雖頗諧合，多切時要，世共傳之。」

李充翰林論：「應休璉五言詩百數十篇，以風規治道，蓋有詩人之旨焉。」

文心明詩篇：「應璩百一，獨立不懼，辭譎義貞，亦魏之遺直也。」才略篇：「休璉風情，則百一標其志。」

文選注引張方賢楚國先賢傳曰：「汝南應休璉作百一篇詩，譏切時事。」

王疏證：「案李充翰林論稱休璉詩百數十篇，孫盛晉陽秋稱休璉五言詩百三十篇（並見文選注引），隋志總集有應貞注應璩百一詩八卷。舊並謂其有風規諷切之旨。然璩詩久已散佚，即下文仲偉所稱『濟濟今日所』一篇，今亦無考。葛勝仲稱郭茂倩雜體詩載璩百一詩五篇。但首三篇，僅述其旨意，未標本文。第四篇惟出『茍欲娛耳目，快心樂腹腸，我躬不悅歡，安能慮死亡』四句。五篇，則謂與文選所載同（見丹陽集）。胡應麟謂百一詩，惟『細微可不慎』一篇，皆諫戒語（見詩藪），然亦僅出首句。近人丁福保乃於文選所載『下流不可處』一篇外，復輯得六篇，百一詩二篇，雜詩三篇，三叟詩一篇（見全漢三國晉南北朝詩卷三），然『子弟可不慎』及『少壯面目澤』二篇，已僅各存四句。（案漁隱叢話引潘子真詩話，稱得臨淄晏公家本，所見璩『少壯面目澤』一篇，多『平生髮完全，變化似浮屠，醉酒巾幘落，禿頂亦如壺』四句，當補存。丁氏但據藝文類聚十八所引耳。）至於『年命在桑榆』（據葛勝仲所述，即郭茂倩所載百一詩第三篇），『細微可不慎』（即胡應麟所稱一篇），『散騎常師友』及『古有行道人』四篇，古樸敦厚，猶見詩人之旨。類書中如：北堂書鈔，藝文類聚，御覽等，常稱引休璉詩，雖不必載其全，而『指事殷勤，雅意深篤』，猶可概見。」

⑥【注】案：今傳璩詩，據全三國詩所載，除百一詩外，尚有雜詩三首及三叟詩一首，皆意篤詞古，不見「濟濟今日所」句，或其詩佚句，無從辨其華靡與否。

許講疏：「聞黃季剛先生有云：『應之「濟濟今日所」是其詩佚句，刻有譌字』今案『濟濟今日所』，恐係應詩首句，亦如嵇康答二郭開句『天下悠悠者』之比。黃氏豈疑『所』字有譌，查漢京固用之甚多，不容再疑。如散樂俳歌辭『呼俳噏所』，鄭白渠歌『田于何所』，同法與應此句正同。」

⑦【注】許講疏：「按『華靡』即陶潛品中所謂『風華清靡』，特用字有衍省耳。仲偉以潛詩原出于璩，故評語亦同。」

## 晉清河守陸雲①晉侍中石崇②晉襄城太守曹攄③晉朗陵公何劭④詩

清河之方平原，殆如陳思之匹白馬⑤，于其哲昆，故稱二陸⑥。季倫、顏遠，竝有英篇⑦。篤而論之，朗陵爲最⑧。

①【注】晉書五十四：「雲六歲能屬文。與兄機齊名，雖文章不及機，而持論過之，號曰二陸。成都王穎表爲清河內史。所著文章三百四十九篇，又撰新書十篇，並行于世。」

隋志：「晉清河太守陸雲集十二卷。」注：「梁十卷，錄一卷。」

案：陸雲，字士龍，吳郡吳人（今江蘇吳縣）。與兄機並有文名，機列上品。吳景帝永安五年生，晉惠帝泰安二年與兄同遇害（二六二—三〇三）。丁氏全晉詩卷三存陸雲詩三十二首（含四言二十四首，五言詩僅得八首，其中二首闕文。）文選錄其詩五言四首，四言一首。中華書局四部備要本有陸士龍集，張溥漢魏六朝一百三家集有陸清河集二卷。

又，晉宋之制，郡置太守，王國置內史，雖職掌略同，仍以稱內史爲宜。上品稱謝靈運爲臨川太守，與此同例，蓋亦從俗稱。

②【注】晉書三十三：「石崇，少敏惠，好學不倦，拜黃門侍郎，累遷散騎常侍、侍中。復拜衞尉。」

隋志：「晉衞尉卿石崇集六卷。」注：「梁有錄一卷。」

案：石崇，字季倫，渤海南皮人（今河北南皮縣）。生於魏齊王嘉平元年，卒於晉惠帝永康元年（二四九—三〇〇），致富多資，後與潘岳、歐陽建等謀誅趙王倫，事覺遇害，時年五十二。丁氏全晉詩卷四存其詩八首（五言三首），文選錄五言樂府王明君詞一首。

③【注】晉書卷九十良吏傳：「曹攄，好學，善屬文。惠帝末，起爲襄城太守。永嘉二年，爲征南司馬。」

隋志注：「梁有征南司馬曹攄集三卷，錄一卷。」

案：曹攄，字顏遠，譙國譙人（今安徽亳縣）。生年不詳，晉懷帝永嘉二年卒（？—三〇八）。丁氏全晉詩卷四存曹攄詩九首（四言六首，五言三首），文選錄其五言二首。

④【注】晉書三十三：「何劭，博學，善屬文。趙王倫篡位，以劭爲太宰。所撰荀粲、王弼傳，及諸奏議文章，並行於世。」

隋志注：「梁有太宰何劭集一卷，錄一卷。」

案：何劭，字敬祖，文選善注引臧榮緒晉書曰：「何劭字敬宗」，陽夏人（今河南太康）。生年不詳，卒於晉惠帝永寧元年（？——三〇一）劭父何曾，於魏世嘗拜司徒，封朗陵侯。逮晉世，拜太尉，進爵爲公，食邑千八百戶（事見晉書何曾傳），劭乃襲封朗陵公。丁氏全晉詩卷二存劭詩四首，文選錄其三。

⑤【注】許講疏：「按仲偉下卷評陳思與白馬答贈，如以莛扣鐘，清河與平原，亦不乏往復之什，其品恐未至如是懸遠，故云『殆如』。乃大約言之耳。」

案：陳思有贈白馬王彪詩七章，彪答詩已佚。平原兄弟亦不乏詩文往復。

⑥【注】文心才略篇：「陸機才欲窺深，辭務索廣，故思能入巧，而不制繁。士龍明練，以識檢亂，故能布采鮮淨，敏於短篇。」時序篇：「機雲標二俊之采。」

⑦【注】藝苑卮言卷三：「石衞尉縱橫一代，領袖諸豪，豈獨以財雄云，政才氣勝耳。思歸引明君辭，情質未離，不在潘、陸下。」

案：石崇辭多哀怨，今傳五言詩有：王明君辭、答曹嘉詩、贈棗腆。曹攄詩寄興清遠，故文心才略嘗言：「曹攄清靡於長篇。」全晉詩載顏遠五言詩有：思友人詩、感舊詩、贈石崇一首。

⑧【注】張華答何劭詩謂劭詩：「穆如灑清風，奐若春華敷。」

許講疏：「按本書所評止於五言，清河長於四言，蓋非其選。又仲偉不貫用事，以警策爲高，則季倫顏遠，似均有不及朗陵之清隽歟。朗陵詩如贈張華云：『暮春忽復來，和風與節俱。俯臨清泉涌，仰觀嘉木敷。』讀之狀溢目前，此仲偉所以深許也。」

## 晉太尉劉琨①晉中郎盧諶②詩

其源出於王粲③。善爲悽戾之辭，自有清拔之氣④。琨既體良才，又罹厄運，故善敘喪亂，多感恨之詞⑤，中郎仰之，微不逮者矣⑥。

①【注】晉書六十二：「劉琨，與范陽祖納俱以雄豪著名。文詠頗爲當時所許。贈侍中太尉，謚曰愍。琨少負志氣，有縱横之才，善交勝己而頗浮誇。」

隋志：「晉太尉劉琨集九卷。」注：「梁十卷，劉琨别集十二卷。」

漁洋詩話：「劉琨宜在上品。」王疏證：「然其詩如：『昔在渭濱叟』，叟字殊鈍；『宣尼悲獲麟，西狩泣孔丘』，隸事又複，此其品第所以次於子建公幹者歟。」

案：劉琨，字越石，中山魏昌人（今河北無極縣東北），好老莊，尚清談。生於晉武帝泰始六年，於元帝建武元年爲段匹磾所害，（二七〇—三一七），年四十八。丁氏全晉詩卷五存琨詩四首，文選錄其五言三首。張溥漢魏六朝一百三家集收有劉越石集一卷。

②【校】夷門廣牘本、顧氏文房小說本等並作「劉湛」，誤。歷代詩話本、古箋本、陳注本、許講疏本、李彙注本等作「盧諶」，當從之。又吟窗雜錄本亦作「盧諶」。

【注】晉書四十四：「盧諶，清敏有理思，好老莊，善屬文。劉琨爲司空，以諶爲主簿，轉從事中郎。元帝之初，累徵爲散騎中書侍郎。諶每謂諸子曰：吾身沒之後，但稱晉司空從事中郎。撰祭法，注莊子，及文集，皆行於世。」（傳又附見三國志卷二十一盧毓傳）隋志：「晉司空從事中郎盧諶集十卷。」注：「梁有錄一卷。」

案：盧諶，字子諒，范陽涿人（今河北涿縣）。生於晉武帝太康五年，卒於穆帝永和六年（二八四—三五〇），年六十七。丁氏全晉詩卷五存諶詩八首（含三首闕文）。文選錄其四言一首，五言四首。

③【注】案：劉熙載藝概卷二：「鍾嶸謂越石詩出於王粲，以格言耳。」仲宣文秀質羸，而越石慷慨清拔，體性自異，而云源出粲者，蓋仲宣親歷播遷瀲灧，傷亂之情，沈切淒愴；越石子諒英雄失路，滿衷悲憤，出爲悽戾感恨之詞。至若慷慨任氣，則又過仲宣矣。

④【注】詩品序云：「劉越石仗清剛之氣。」

文心才略篇：「劉琨雅壯而多風，盧諶情發而理昭，亦遇之於時勢也。」

成書倬雲多歲堂古詩存卷四評扶風歌云：「蒼蒼莽莽，一氣直達。」又曰：「氣猛神王，意概不凡。作者一生氣象，於此亦可見一斑。」

元遺山論詩絕句：「曹劉坐嘯虎生風，萬古無人角兩雄。可惜并州劉越石，不教橫槊建安中。」

陳繹曾詩譜：「劉琨盧諶，忠義之氣，自然形見，非有意於詩也。杜子美以此爲根本。」又曰：「六朝文氣衰緩，唯劉越石、鮑明遠，有西漢氣骨。李杜筋取此。」劉熙載藝概卷二：「劉公幹、左太沖詩，壯而不悲；王仲宣、潘安仁悲而不壯。兼悲壯者，其惟劉越石乎。」

⑤【注】許講疏：「陳祚明曰：『越石英雄失路，滿衷悲憤，即是佳詩，隨筆傾吐，如金笳成器，本擅商聲，順風而吹，嘹嚦悽戾，足使櫪馬仰歎，城烏俯咽。』按如重贈盧諶云：「功業未及見，夕陽從西流，時哉不我與，去矣若雲浮，朱實隕勁風，繁英落素秋，狹路傾華蓋，駭駟摧雙輈，何意百鍊剛，化爲繞指柔。』其感恨最深。」

⑥【注】晉書卷六十二劉琨傳：「（琨）自知必死，神色怡如也。爲五言詩贈其別駕盧諶曰：『幄中有懸璧……』琨詩託意非常，攄暢幽憤，遠想張陳，感鴻門白登之事，用以激諶。諶素無奇略，以常詞酬和，殊乖琨心。」

案：諶詩情發而理昭，如覽古、時興，鋪敍平樸，未若琨詩之雅壯而多風。故子諒亦自謂：「貢詩一篇，不足以揄揚弘美，亦以攄其所抱而已。」（見盧諶贈別劉琨二十章）雖屬謙詞，蓋亦實情也。

## 晉弘農太守郭璞①詩

憲章潘岳，文體相輝，彪炳可翫②。始變永嘉平淡之體③，故稱中興第一④。翰林以為詩首⑤。但遊仙之作，辭多慷慨，乖遠玄宗⑥。其云：「奈何虎豹姿」，又云：「戢翼棲榛梗」⑦，乃是坎壈詠懷，非列仙之趣也⑧。

①【注】晉書七十二：「郭璞，好經術，博學有高才，而訥於言論。詞賦為中興之冠。嬰王敦之禍，追贈弘農太守。璞撰前後筮驗六十餘事，名為洞林。撰新林十篇，卜韻一篇，注釋爾雅，別為音義圖譜，又注三蒼、方言、穆天子傳、山海經及楚辭子虛、上林賦，數十萬言，皆傳於世。所作詩賦誄頌，亦數萬言。」

隋志：「晉弘農太守郭璞集十七卷。」注：「梁十卷，錄一卷。」

漁洋詩話：「郭璞宜在上品。」

案：郭璞，字景純，河東聞喜人（今山西聞喜縣）。生於晉武帝咸寧二年，誅於明帝太寧二年（二七六—三二四）。丁氏全晉詩卷五存璞二十二首（四言三首，五言十九首），文選錄其游仙詩七首。郭弘農集三卷收於漢魏六朝一百三家集。

②【注】案：景純彪炳，蓋本安仁翩翩斑爛之體。上品引謝混語：「潘詩爛若舒錦，無處不佳。」

③【校】陳學士吟窗雜錄、詩人玉屑、記纂淵海「永嘉」並作「中原」，作「永嘉」較善。上品序及下品王濟評語與此類同。

③【注】南齊書文學傳論：「江左風味，盛道家之言，郭璞舉其靈變。」

文心明詩篇：「江左篇製，溺乎玄風，嗤笑徇務之志，崇盛亡機之談。袁孫以下，雖各有雕采，而辭趣一揆，莫與爭雄。所以景純仙篇，挺拔而爲俊矣。」范注引詩品講疏：「續晉陽秋曰：『自司馬相如王褒揚雄諸賢，世尚賦頌，皆體則詩騷，傍綜百家之言。及至建安，而詩章大盛，逮乎西朝之末，潘陸之徒，雖時有質文，而宗歸不異也。正始中，王弼何晏好莊老玄勝之談，而俗遂貴焉。至過江，佛理尤盛，故郭璞五言，始會合道家之言而韻之。詢及太原孫綽轉相祖尚，又加以三世之辭，而詩騷之體盡矣。』據檀道鸞之說，是東晉玄言之詩，景純實爲之前導。特其才氣奇肆，遭逢險艱，故能假玄言以寫中情，非夫抄錄文句者所可擬況。」

案：詩品序：「永嘉時，貴黃老，……先是郭景純，用儁上之才，變創其體。」正可與「始變永嘉之體」相應。南齊書文學傳論、文心明詩篇，意亦同此。

④【注】晉書郭璞傳：「詞賦爲中興之冠。」

文心才略篇：「景純艷逸，足冠中興。」

⑤【注】案：「詩首」一說，未見於今傳李充翰林論。然文心雕龍有「賦首」一語，詮賦篇曰：「及仲宣靡密，發端必遒；偉長博通，時逢壯采；太冲安仁，策勳於鴻規；士衡子安，底績於流制；景純綺巧，縟理有餘；彥伯梗概，情韻不匱；亦魏晉之賦首也。」

⑥【注】劉熙載藝概卷二：「郭景純亮節之士，……游仙詩假棲遯之言，而激烈悲憤，自在言外，

乃知識曲宜聽其眞也。」

文選善注：「凡游仙之篇，皆可以滓穢塵網，錙銖纓紱，飡霞倒景，餌玉玄都。而璞之制，文多自敍，雖志狹中區，而辭兼（本作『無』，據梁章鉅文選旁證改）俗累，見非前識，良有心哉。」

黃侃詩品講疏言，參見注三。

案：郭璞有游仙詩十四首。

⑦【注】李彙注：「案：『奈何』『戢翼』二句，皆屬佚句。景純游仙詩，文選收其七首；古詩紀輯其十四首；北堂書鈔卷一百五十八地部穴錄其四句；太平御覽卷三百九十四人部蹲見其二句，而仲偉所引此二句，則均不見他書。」

⑧【注】陳祚明采菽堂古詩選卷十二：「景純本以仙姿游於方內，其超越恒情，乃在造語奇傑，非關命意。游仙之作，明屬寄託之詞，如以列仙之趣求之，非其本旨矣。」

何焯義門讀書記：「景純游仙，當與屈子遠遊同旨。蓋自傷坎壈，不成匡濟。寓旨懷生，用以寫鬱。鍾嶸詩品譏其無列仙之趣，此以辭害義也。」

古箋：「案：『乖遠玄宗』、『非列仙之趣』，言其名雖遊仙，實則詠懷，非貶辭也。乃李善不寤，而有『見非前識』之言。沈歸愚陳沆亦遂集矢仲偉，以爲謬妄。然沈氏曰：『遊仙詩本有託而言，坎壈詠懷，其本旨也。』陳氏曰：『六龍安可頓一首，直舉胸臆，慷慨如斯。』其說皆本之仲偉，而反操矛入室，何哉。」
案：游仙諸什，若『放情凌霄外，嚼蕊挹飛泉。』『升降隋長煙，飄颻戲九垓。』亦飄飄凌雲，詩雜仙心矣。劉勰所論，蓋指此歟。鍾嶸不倡玄言，而遊仙衆製，時雜坎壈詠懷之作，寓旨自傷之詞，故特舉而論之，此屈子之微意也。陳思亦多仙詩，並乖遠玄宗，託興詠懷。

## 晉吏部郎袁宏①詩

彥伯詠史②，雖文體未遒，而鮮明緊健，去凡俗遠矣③。④

①【注】晉書九十二文苑傳：「袁宏有逸才，文章絕美。謝安常賞其機對辯速，後安爲揚州刺史，宏自吏部郎出爲東陽郡。撰後漢紀三十卷，及竹林名士傳三卷，詩賦誄表等雜文凡三百首，傳於世。」
隋志：「晉東陽太守袁宏集十五卷。」注：「梁二十卷，錄一卷。」
案：袁宏，字彥伯，扶樂人（今河南太原縣西北）。生於晉成帝咸和三年，卒於孝武帝太元元年（三二八—三七六），年四十九。丁氏全晉詩卷五存宏四言二首，五言四首，文選錄其三國名臣序贊一首，而未錄詩作。

②【注】晉書文苑傳：「袁宏曾爲詠史詩，是其風情所寄。」

世說新語文學篇：「袁虎（案，宏小字）少貧，嘗爲人傭，載運租。謝鎮西經船行，其夜清風朗月，聞江渚間估客船上有詠詩聲，甚有情致。所誦五言，又其所未嘗聞。歎美不能已。卽遣委曲訊問，乃是袁自詠其所作詠史詩，因此相要，大相賞得。」注引續晉陽秋曰：「曾爲詠史詩，是其風情所寄。……聲既清會，辭又藻拔。」

案：宏傳詠史二首，見丁氏全晉詩卷五。

③【注】許講疏：「按彥伯詠史二首，譚元春評前首云：『好眼好識，看斷今古。』王船山則云：『猶未免以論斷爭雄。』船山又評後首云：『先布意深，後序事蘊籍，詠史高唱，無如此矣。』文心雕龍才略云：『袁宏發軫以高驤，故卓出而多偏。』亦卽仲偉之旨。」

案：袁宏詠史，變文入詩，健伉爽直，亦足托史寄懷，感慨良深。

④【校】稗史彙編本無袁宏詩此條。

## 晉處士郭泰機①晉常侍顧愷之②宋謝世基③宋參軍顧邁④宋參軍戴凱⑤詩

泰機寒女之製，孤怨宜恨⑥。長康能以二韻答四首之美⑦。世基橫海，顧邁鴻飛⑧。戴凱人實貧羸，而才章富健⑨。觀此五子，文雖不多，氣調警拔。吾許其進，則鮑照江淹，未足逮止。越居中品⑩，僉曰宜哉。

①【注】文選注引傅咸集曰：「河南郭泰機，寒素後門之士。」

案：郭泰機，字不詳，生卒年及生平事略均無從考索，今傳詩作僅五言答傅咸詩一首，故知約與傅咸同時，詩見收於丁氏全晉詩卷四及文選卷二十五。

②【注】晉書九十二文苑傳：「顧愷之，博學有才氣，嘗爲箏賦。尤善丹青，圖寫特妙。義熙初爲散騎常侍。俗傳愷之有三絕，才絕、畫絕、癡絕。所著文學及啟矇記行于世。」

隋志：「晉通直常侍顧愷之集七卷。」注：「梁二十卷。」

案：顧愷之，字長康，晉陵無錫人。生卒年俱不詳，約與桓溫、謝安同時，卒年六十二。丁氏全晉詩卷五僅存愷之五言神情詩一首（案：此詩亦重見於陶集），晉書九十二文苑傳謂桓溫死，愷之賦詩悼之云：「山崩溟海竭，魚鳥將何依。」（世說新語言語篇載同）是丁氏所未輯。

③【校】李彙注：「案，『宋』字下，脫其官名數字。詩品中除婦人以外，惟世基與下品羊曜璠（案：李氏原書誤植爲「躍」，今改之）不錄官名，蓋誤脫也。」案：宋書亦未言世基官位，或非誤脫。

【注】宋書卷四十四：「謝晦兄絢，高祖鎭軍長史，早卒。世基，絢之子也，有才氣。」

案：謝世基陳郡陽夏人（今河南太康）。生年不詳，坐謝晦事，爲文帝所誅，時爲宋文帝元嘉三年（？——四二六）。丁氏全宋詩卷五存世基五言連句詩一首（世基臨刑，爲詩四句，後四句爲謝晦續之）。

④【注】顧邁生平除隋志注外，皆無可考，詩亦不傳。

隋志王微集下注云：「梁又有征北行參軍顧邁集二十卷，亡。」

⑤【注】戴凱，生平無考，詩亦不傳。

古箋：「案，戴凱，無考。隋志宋湯惠休集下注云：『梁又有戴凱之集六卷，亡。』戴凱，或卽凱之，而奪一字，未可知也。」

⑥【注】案：泰機答傳咸有云：「寒女雖玅巧，不得秉杼機。……衣工秉刀尺，棄我忽如遺。」蓋亦悱怨之調。

⑦【注】古箋：「案藝文類聚引顧愷之神情詩曰：『春水滿四澤，夏雲多奇峯，秋月揚明輝，冬嶺秀孤松。』仲偉謂能以二韻答四首之美者，或卽指此。」案：以二韻答四首之美，事不可考，古箋所云，可存以備考。

世說新語文學篇注引續晉陽秋曰：「（愷之）爲散騎常侍，與謝瞻連省夜於月下長詠，自云得先賢風制。瞻每遙贊之，愷之得此，彌自力忘倦。」案：又參見注二，則知愷之能詩也。

⑧【注】許講疏：「案，世基將刑，爲連句詩，開句曰：『偉哉橫海鯨』，故仲偉稱之。『鴻飛』應是顧邁逸句。」

車校證：「案……每句下或第二句下疑本有評語，乃與上下文一律，今本挩去，文意不完。」

案：各家注本，如陳注、古箋、許講疏、汪注、車校證、李彙注等，並以「橫海」、「鴻飛」爲世基、顧邁之詩句。果如此則讀之文氣不順，義旨難明，故車氏乃云當有評語，今本誤脫也。然今傳各本皆無以證車氏所言，故錄其說而存疑。或以爲「橫海」、「鴻飛」乃仲偉贊二子詩風之語（下言五子皆氣調警拔），亦或然歟！

⑨【注】戴凱詩不傳。

⑩【注】李彙注：「案：『越居中品』，則仲偉以爲此五人詩，稍損中品水準，與張華同例也。」

## 宋徵士陶潛①詩

其源出於應璩，又協左思風力②。文體省靜③，殆無長語④，篤意眞古⑤，辭興婉愜⑥。每觀其文，想其人德⑦，世歎其質直⑧。至於「歡言酌春酒」⑨，「日暮天無雲」⑩，風華清靡，豈直爲田家語耶⑪。古今隱逸詩人之宗也⑫。

①【注】宋書卷九十三隱逸傳：「陶潛，曾祖侃，晉大司馬。潛少有高趣，嘗著五柳先生傳以自況。潛弱年薄宦，不潔去就之迹。自以曾祖晉世宰輔，恥復屈身後代。自高祖王業漸隆，

不復肯仕。元嘉四年卒，時年六十三。」（傳又見晉書九十四，南史卷七十五，及顏延年陶徵士誄，昭明太子陶淵明傳）

隋志：「宋徵士陶潛集九卷。」注：「梁五卷，錄一卷。」

漁洋詩話：「陶潛宜在上品。」古箋：「陶公本在上品。」

案：陶潛，字淵明，或云淵明字元亮，世號靖節先生。尋陽柴桑人（今江西九江西南），生於晉哀帝興寧三年，卒於宋文帝元嘉四年（三六五—四二七），年六十三。丁氏全晉詩卷六全卷存淵明詩一百二十七首，文選錄其八首。宋以後，陶詩地位大顯，為之箋注年譜者甚衆，其中以楊勇陶淵明集校箋（香港吳興記書局）衆引博徵，最爲要而不蕪，篇末附陶淵明年譜彙訂，精審翔實。其餘各家箋注尚有：清陶澍靖節先生集注（四部備要本），丁福保陶淵明詩箋注四卷附傳一卷（藝文書局），古直陶靖節詩箋（廣文書局），方祖燊陶潛詩箋注校證論評（蘭臺書局），王叔岷陶淵明詩箋證稿（藝文書局）。年譜則有：宋吳仁傑陶淵明年譜一卷（雲南叢書本，及明萬曆四十七年楊時偉刋陶靖節集），清丁晏晉陶靖節年譜一卷（頤志齋叢書本），宋王質栗里年譜一卷（雲南叢書本及十萬卷樓叢書本），清陶澍靖節先生年譜考異（四部備要本靖節集內），清楊希閔陶徵士年譜一卷（豫章先賢九家年譜本。十五家年譜叢書本），古直陶靖節年譜一卷（中華書局排印本。隅樓叢書本），梁啟超陶淵明年譜（是譜考證陶生於三七二年。飲冰室專集之九十六，民廿五年中華本。

商務印書館國學小叢書本），逯欽立陶淵明年譜藁（是譜考證陶生於三七六年。中研院史語所集刊第二十本上册，民三十七年版），傅東華陶淵明年譜。輯錄論陶之資料最富而有系統者，厥爲九思出版社之陶淵明研究一書。陶彭澤集見收於張溥漢魏六朝一百三家集。

又，後人尊陶，愈邁前賢，詩品次靖節於中品，最受疵議，好陶者必欲置諸上品而後已。得片紙孤例，如獲至寶，竟不審度辨析，强爲之翻案，如古直箋卽言：「太平御覽五百八十六鍾嶸詩評曰：『古詩李陵班倢伃曹植劉楨王粲阮籍陸機潘岳張協左思謝靈運陶潛十二人詩皆上品。』據此則陶公本在上品。今傳詩品列之中品，乃後人竄亂之本也。」實則文選選陶詩獨少，文心雕龍於元亮竟未置一詞，沈約宋書云：「陶潛字淵，或曰淵明字元亮。」沈氏修史，雖距淵明卒不過六十載，竟已有疑詞，重謝不重陶，乃其時風尚，當非嶸一隅之見。反觀仲偉於陶之贊詞，實得三昧，泛語空言，何能致之，又何庸介介乎其品列之上中乎。又淵明原於應璩，應入中品，陶亦當入中品，此仲偉品第之則，絕無源下流上之例焉。

車校證：「古直云：『靖節本在上品，御覽可證。』案，四部叢刊影印宋本御覽五八六有云：『古詩、李陵、班婕妤、曹植、劉楨、王粲、阮籍、陸機、潘岳、左思、謝靈運十二人詩，皆上品。』清鮑刻本御覽『靈運』下雙行注『陶潛』二字，乃不知所云二十人包括古詩之無名氏，而因尊陶觀念妄以陶潛充數，得影宋本御覽之鐵證，則陶潛本在中品之疑案可得定論矣。」

又，古箋云：「案，顏延之誄云：『有晉徵士陶淵明』仲偉誤也。」此古氏未明仲偉之體例，詩品蓋以卒年爲據，淵明卒於宋元嘉四年，故曰「宋徵士」，不誣也。顏延之云「有晉徵士陶淵明」，乃遵淵明之志也。（淵明嘗自以「曾祖晉世宰輔，恥復屈身後代，自高祖王業漸隆，不復肯仕。」）

②【注】葉夢得石林詩話卷下：「然（鍾嶸）論陶淵明，乃以爲出於應璩，此語不知其所據。應璩詩不多見，惟文選載其百一詩一篇，所謂『下流不可處，君子愼厥初』者，與陶詩了不相類。五臣注引文章錄云：『曹爽用事，多違法度，璩作此詩以刺在位，意若百分有補於一者。』淵明正以脫略世故，超然物外爲意，顧區區在位者，何足累其心哉。且此老何嘗有意欲以詩自名，而追取一人而模仿之？此乃當時文士與世進取競進而爭長者所爲，何期此老之淺？蓋嶸之陋也。」許學夷詩源辨體卷六：「鍾嶸謂淵明詩，其源出於應璩，又協左思風力，葉少蘊嘗辨之矣。愚按太冲詩渾樸與靖節略相類，又太冲常用魚虞二韻，靖節亦常用之，其聲氣又相類。應璩有百一詩，亦用此韻，中有云：『前者隳官去，有人適我閭，田家無所有，酌酒焚枯魚。』又三叟詩簡樸無文，中具問答，亦與靖節口語相近。嶸蓋得之於驪黃間耳。」王夫之評陶詩擬古迢迢百尺樓篇云：『此眞百一詩中傑作，鍾嶸一品，千秋論定矣。」

案：「淵明源出於應璩」一語，後世爭議頗烈，非之者以爲「蓋嶸之陋也」，譽之者以爲「鍾嶸一品，千秋論定矣」，取折衷之見者則以爲「嶸得之於驪黃間耳。」三者各持一端，今人王叔岷氏之論，最爲持平，其論鍾嶸評陶淵明詩一文云：「鍾氏謂陶詩源出應璩，尤爲後世所非。……然鍾氏並非爲陶公模仿應璩之詩，不過溯其淵源，與應詩相近，故謂「出於應璩」耳。……源出應璩之說，似偏就『文體』而言，而不重在寓意也。…陶詩之『文體省靜，殆無長語。篤意眞古，辭興惋愜』，正與應詩之『善作古語，指事殷勤，雅意深篤』相類。陶詩復有『風華清靡』之篇，亦與應詩有『華靡』之作相符。則鍾氏謂陶詩出於應璩，自有見地，可無苛論也。……陶詩淵源，雖出於應璩，然復時有勁氣流露。則非應詩所具。觀其詠田疇、詠荊軻、少時壯且厲、萬族各有託諸篇，直與左思相頡頏。故鍾氏謂其『又協左思風力』也。……後人非議鍾氏之評陶詩，但就『其源出於應璩』一語爲說，而忽其所謂『又協左思風力』一層，此非鍾氏不知陶公，蓋由後人不解鍾耳。」（學原二卷四期）

③【校】今傳各本多作「省靜」；陳注本「靜」作「淨」，御覽引同。車校證云：「淨、靜，通用，作淨較古。」

④【注】詩源辨體：「靖節詩不爲冗語，惟意盡便了。故集中長篇甚少。」李徽注：「案『省靜』文省氣靜也。……又案，審上下評文，則『長』，恐爲張之假借。

『長語』疑猶張語，卽張皇之語，或誇張之語，與上句『省靜』互應。」
案：李氏之言非也。「省靜」卽「省淨」；「長語」與「省靜」互應。「長語」猶長言也。
杜甫哀王孫詩：「不敢長語臨交衢。」

⑤【注】昭明太子陶淵明集序：「（淵明）語時事則指而可想，論懷抱則曠而且眞。」
元好問論詩絕句：「一語天然萬古新，豪華落盡見眞淳。」又繼愚軒和黨承旨雪詩：「君看陶集中，飲酒與歸田。此翁豈作詩，直寫胸中天。」
陳繹曾詩譜：「陶淵明心存忠義，心處閒逸，情眞景眞事眞意眞，幾於十九首矣。」

⑥【注】案：淵明飲酒詩：「結廬在人境，而無車馬喧。問君何能爾，心遠地自偏。」讀山海經詩：「衆鳥欣有託，吾亦愛吾廬。既耕亦已種，且還讀我書。」淵明詩多類此，可謂辭婉興愜。

⑦【注】昭明太子陶淵明集序：「余素愛其文不能釋手，尙想其德，恨不同時。」又云：「加以貞志不休，安道苦節，不以躬耕爲恥，不以無財爲病，自非大賢篤志，與道汙隆，孰能如此乎。」
陳注引山樵暇語：「陶彭澤詩，顏、謝、潘、陸，皆不及者，以其平昔所行之事，賦之于詩，無一點愧辭，所以能爾。」

⑧【注】杜甫遣興五首：「陶潛避俗翁，未必能達道。觀其著詩集，頗亦恨枯槁。」

陳師道後山詩話：「陶淵明之詩，切于事情，但不文耳。」

嚴羽滄浪詩話：「淵明之詩，質而自然。」

施補華峴傭說詩：「陶公自寫悲痛，無意作詩人，故時有直率之筆。」

劉師培云：「江左詩文，溺於玄風，辭謝雕采，旨寄玄虛。以平淡之辭，寓精微之理，故孫、許、二王，語皆平典。……晉宋以降，文體復更，淵明之詩，仍沿晉派。」

⑨【校】車校證：「顧氏文房小說本、五朝小說大觀本、螢雪軒本、葉集釋本『酌』皆作『醉』。山堂考索、記纂淵海，稗篇、筠石山房詩話鈔引皆同。作酌蓋原本，今所傳陶詩亦作酌。北堂書鈔一四八引應璩詩云『酌彼春酒』，或即陶詩所本。」

【注】讀山海經第一首：「歡言酌春酒，摘我園中疏。」

⑩【注】擬古第五首：「日暮天無雲，春風扇微和。」

⑪【注】案：東坡與蘇轍書嘗云：「淵明作詩不多，然其詩質而實綺，癯而實腴。」正合詩品之旨，惜乎自仲偉以下五百年間，世人徒知其質直之說。乃知鍾氏之品陶，蓋得陶詩之眞髓也。

⑫【注】黃文煥陶詩新義自序：「鍾氏品陶，徒曰隱逸之宗；以隱逸蔽陶，陶又不得見也。折之以憂時念亂，思扶晉衰，思抗晉禪，經濟熱腸，語藏本末，湧若海立，屹若劍飛，斯陶之心膽出矣。」

案：淵明早歲胸懷儒道，憂時念亂，頗思自奮。然質性自然，終不爲世用，歸隱田園，故朋輩謚之曰靖節，蓋美其高義。後人讀其詠荆軻、歸去來兮辭、雜詩諸作，其心路歷程，斑斑可見。後世詩人，善爲隱逸之語者，莫不宗陶。晉書、宋書、南史並入淵明於隱逸傳。

## 宋光祿大夫顏延之①詩

其源出於陸機②。尚巧似③，體裁綺密④，情喻淵深，動無虛散⑤，一句一字，皆致意焉。又喜用古事，彌見拘束⑥。雖乖秀逸，是經綸文雅才。雅才減若人⑦，則蹈於困躓矣。湯惠休曰：「謝詩如芙蓉出水，顏如錯彩鏤金。」顏終身病之⑧。

①【注】宋書七十三：「顏延之，少孤貧，好讀書，無所不覽。文章之美，冠絕當時。世祖登祚，以爲金紫光祿大夫。卒，追贈散騎常侍，謚曰憲子。延之與陳郡謝靈運俱以詞彩齊名，自潘岳、陸機之後，文士莫及也。江左稱顏謝焉。」（傳又見南史卷三十四。）隋志：「宋特進顏延之集二十五卷。」注：「梁三十卷。又有顏延之逸集一卷，亡。」案：顏延之，字延年，祖籍瑯琊臨沂（今山東臨沂），生長於今江蘇江寧。生於晉孝武帝太元九年，卒於宋孝武帝孝建三年（三八四—四五六），年七十三。丁氏全宋詩卷二存顏延之詩二十八首，文選錄十九首。顏氏雖名重一時，然作品多散佚，明汪士賢校刊漢魏六朝二十二名家集有顏延之集，漢魏六朝一百三家集有顏光祿集一卷，皆後人拾掇而成、季

冰編有顏延之年譜（清華周刊第四十卷第六、九期，民國二十二年清華大學編印），繆鉞亦有顏延之年譜（中國文化研究所彙刊第八卷，民三十七年九月出版）

②【注】許講疏：「按仲偉評士衡詩云：『才高辭贍，舉體華美。』而成書（古詩存）評延年詩亦云：『力厚思深，吐屬華贍。』此一同也。仲偉又評士衡詩尚規矩，而王船山却評延年詩立法自縛，此二同也。統以觀之，顏源於陸，信哉。」

何義門讀書記曰：「陸士衡鋪陳整贍，實開顏光祿之先。鍾嶸品第顏詩，以爲其源出于陸機，是也。」

案：士衡「才高辭贍」（詩品語）而「綴辭尤繁」（文心鎔裁），故「思能入巧」（文心才略），且「尚規矩」（詩品），延之蓋取法於此。

③【注】陳注（訂補本）：「鍾氏品張協，謂巧構形似之言，品謝客，謂尚巧似，品顏詩，亦云尚巧似，皆是也。若顏延之夏夜『側聽風落木，遙睇月開雲。』贈王太常詩『庭昏見野陰，山明望松雪。』是能得物之狀者。」

④【注】宋書謝靈運傳論：「延年之體裁明密。」南史卷十九謝靈運傳：「（靈運）縱橫俊發，過於延之，深密則不如也。」陳祚明評選曰：「延年束於時尚，塡綴求工，曲阿後湖之篇，誠擅密藻，其它繁掞之作，間多滯響。」

⑤【注】案：虛散，謂句散氣虛也。延之詩體裁明密，多用排偶，無虛辭散句。故下云「一句一字，

皆致意焉。」

⑥【注】張戒歲寒堂詩話卷上：「詩以用事爲博，始於顏光祿。」案：仲偉反對用事，其序云：「夫屬詞比事，乃爲通談。若乃經國文符，應資博古，撰德駁奏，宜窮往烈。至乎吟詠情性，亦何貴於用事。」延年才不勝學，故非之。

⑦【校】王疏證：「案雅字，疑涉上文『文雅才』而衍。稗篇引無雅才二字，才字不當無。」車校證：「案『是經論文雅才，雅才減若人』，意頗難通。……稗篇引不疊『雅才』二字，意亦不明，蓋意刪。疑此本作『亦是經綸文雅才，才減若人』，下句雅字蓋涉上句雅字而衍。」

案：稗篇引「是」上有「亦」字，吟窗雜錄本「是」字上有「固」字，二字意近，正可與上句「雖」字相應，當從之。「才雅」二字疑衍，作「固是經綸文雅，才減若人」則文義暢明矣。

又，經綸，言詩之佈局經營也，非指廊廟之才也。

⑧【注】南史顏延之傳：「延之嘗問鮑照己與靈運優劣。照曰：『謝五言如初發芙蓉，自然可愛；君詩若鋪錦列繡，亦雕繪滿眼。』」案：惠休語與此略同，惠休襲鮑照之語耶？仲偉誤引耶？已無從考據矣。

葉集釋：「陳石遺先生曰：顏詩縷錯處頗勘，殆指玉水方流璇源圓折等語，然實未數數然也。

據湯說謝勝於顏，然北使洛五君詠諸詩，沈雄簡鍊，轉過康樂。」

案：延之與謝客齊名，並稱江左第一，然特識之士則以爲顏不及謝，仲偉亦貶之。靈運才高，雖琢鍊而不失靈氣，復模山範水，別闢新境。延之謹守晉宋以還緊鍊華靡之習，不失規矩法度，然終無謝客之自然可愛。顏雖終身病之，允爲公論矣。

## 宋豫章太守謝瞻①宋僕射謝混②宋太尉袁淑③宋徵君王微④宋征虜將軍王僧達⑤詩

其源出於張華⑥。才力苦弱，故務其清淺⑦，殊得風流媚趣。課其實錄，則豫章、僕射，宜分庭抗禮⑧；徵君、太尉，可託乘後車；征虜卓卓，殆欲度驊騮前⑨。

①【校】學詩津逮本、詩觸本脫「宋豫」二字，「章」字誤植於「太守」下。

【注】宋書五十六：「謝瞻字宣遠，一名檐，字通遠。陳郡陽夏人。年六歲能屬文。高祖以瞻爲吳興郡，又自陳請，乃爲豫章太守。瞻善於文章，辭采之美與族叔昆弟靈運相抗。」（傳又見南史卷十九）

隋志：「宋豫章太守謝瞻集三卷。」

案：謝瞻生於晉孝武帝太元十二年，卒於宋武帝永初二年（三八七—四二一），年三十五。

丁氏全宋詩卷三存謝瞻詩五首；文選亦錄五首。

②【注】晉書七十九：「謝混，少有美譽，善屬文。歷尚書令，中領軍，尚書左僕射。」

隋志：「晉左僕射謝混集三卷。」注：「梁五卷。」

古箋：「案，混，義熙八年被殺，稱宋僕射，誤。」李徽注：「或云卒於晉安帝義熙八年，晉書本傳曰：『及宋受禪，謝晦謂劉裕曰：陛下應天受命，登壇日，恨不得謝益壽奉璽紱。裕亦歎曰：吾甚恨之，使後生不得見其風流。』然則謝混生平，不及宋朝無疑。」

案：謝混，字叔源，小字益壽，陳郡陽夏人（今河南太康附近）。謝安孫，靈運從叔。生卒年均不詳，或言混卒於晉安帝義熙八年。未入宋，故當曰「晉」，隋志正是。仲偉舉之與謝瞻等同列，以時既相近，詩風亦復相似。南史瞻傳：「與從叔混、族弟靈運，俱有盛名。」亦可為證。丁氏全晉詩卷七存謝混詩三首，文選錄其游西池詩一首。

③【注】宋書卷七十：「袁淑，少有風氣，不為章句之學，而博涉多通。好屬文，辭采遒艷，縱橫有才辯。追贈太常。世祖即位，使顏延之為之詔曰：『可追贈侍中太尉，謚曰忠憲。』」（傳又見南史卷二十六）

隋志：「宋太尉袁淑集十一卷。」注：「并目錄，梁十卷。錄一卷。」

案：袁淑，字陽源，陳郡陽夏人（今河南太康附近），生於晉安帝義熙四年，遇害於宋文帝元嘉三十年（四〇八—四五三），年四十六。丁氏全宋詩卷五存袁淑詩五首，文選錄其二。漢魏六朝一百三家集有袁陽源集一卷。

④【校】螢雪軒本「王微」作「王徽」，誤。

【注】宋書卷六十二：「王微，少好學，無不通覽，善屬文，能書畫。微素無官情，稱疾不就。所著文集傳於世。世祖卽位，詔曰：『微棲志貞深，文行惇洽，不幸蚤世，朕甚悼之，可追贈秘書監。』」

隋志：「宋秘書監王微集十卷。」注：「梁有錄一卷。」

案：王微，字景玄，琅琊臨沂人。博學，性淡泊，屢徵不就，故仲偉稱之「徵君」。生於晉安帝義熙十一年，卒於宋文帝元嘉二十年，年僅二十九。丁氏全宋詩卷五存王微五言詩四首，文選錄其雜詩一首。

⑤【校】學詩津逮本「虜」字空格，車校證疑爲清人諱稱滿州故。詩觸本作「征南將軍」誤。

【注】宋書卷七十五：「王僧達琅邪臨沂人。少好學，善屬文。世祖命爲長史，加征虜將軍，尋出爲使持節南蠻校尉，加征虜將軍。」（傳又見南史卷二十一）

隋志：「宋護軍將軍王僧達集十卷。」注：「梁有錄一卷。」

案：王僧達，字不詳。性自負，屢忤上，致下獄賜死。生於宋廢帝景平元年，卒於孝武帝大明二年（四二三—四五八），年三十六。丁氏全宋詩卷五存王僧達詩四首，文選錄其二。

⑥【注】許講疏：「按仲偉評張華詩，兒女情多，風雲氣少。卽此評五人詩皆清淺風流之意也。茲就五人現存之詩觀之：宣遠之詩，爲辨體所舉者，如『開軒滅華燭，月露皓已盈，』『巢幕無留燕，遵渚有來鴻，輕霞冠秋日，迅商薄淸穹，』『四筵霑芳醴，中堂起絲桐』等句，叔源之詩如『惠風蕩繁囿，白雲屯曾阿，景昃鳴禽集，水木湛淸華』等句，陽源之詩如『寒燠豈如節，霜雨多異同，迺知古時人，所以悲轉蓬』等句，景玄之詩如『思婦臨高臺，長想憑華軒，弄絃不成曲，哀歌送苦言』等句，僧達之詩如『聿來歲序暄，輕雲出東岑，麥壟多秀色，楊園流好音』等句，皆語工而清淺者也。惟景玄規橅子建之句，則頗不弱，故仲偉又謂文通詩得筋力于景玄也。」

⑦【校】王疏證：「案錦繡萬花谷前集二一，引作：故務爲淸淡。」吟窗雜錄本作「故務於淸淺。」

⑧【注】宋書卷五十六謝瞻傳：「瞻善於文章，辭采之美，與族叔混，弟靈運相抗。」

⑨【校】陳學士吟窗雜錄、稗史彙編「前」下有「矣」字；天都閣本有「驅」字。

【注】宋書靈運傳論：「自建武暨於義熙，歷載將百，雖比響聯辭，波屬雲委，莫不寄言上德，託意玄珠，遒麗之辭無聞焉。仲文始革孫、許之風，叔源大變太元之氣。」本書序：「義熙中以謝益壽、殷仲文爲華綺之冠。」可見叔源一改東晉玄風。

許講疏：「今就仲偉評詩之意推之，宣遠不爲厲響，叔源頗有閒情，自無軒輊之分。陽源語弱，而時寓古悲；景玄辭哀，而情入淒怨；若論五言之警策，自亞於二謝矣。僧達與顏延年贈答雖加事義，未乖秀逸，由天才豐盛，不徒恃開趣成什故也。謂之度驊騮前，殆以此歟。」

## 宋法曹參軍謝惠連①詩

小謝才思富捷，恨其蘭玉夙凋，故長轡未騁。秋懷、擣衣之作②，雖復靈運銳思，亦何以加焉。又工爲綺麗歌謠③，風人第一。謝氏家錄④云：「康樂每對惠連，輒得佳語。後在永嘉西堂思詩⑤，竟日不就，寤寐間忽遇惠連，即成『池塘生春草』⑥，故常云：『此語有神助，非吾語也。』」⑦

①【注】宋書五十三：「惠連幼而聰敏，年十歲能屬文。族兄靈運深相知賞。元嘉七年，方爲司徒彭城王義康法曹參軍。」（傳又見南史卷十九）

隋志：「宋司徒府參軍謝惠連集六卷。」注：「梁五卷，錄一卷。」

王疏證：「案宋濂與章秀才論詩書云：『惠連本子建，而雜參於郭景純。』可補仲偉所略。」

案：謝惠連，祖籍陳郡陽夏（今河南太康），居於浙江紹興。早慧，然性行輕薄且多尤累，故官位不顯。生於晉孝武帝太元十九年，卒於宋文帝元嘉七年（三九四—四三〇），年三十七。丁氏全宋詩卷三存謝惠連詩三十一首，文選錄其詩五首。漢魏六朝百三家集有謝法曹集一卷。

②【注】案：全宋詩卷三及文選卷二十三惠連有秋懷一首：「平生無志意，少小嬰夏患……。」全宋詩卷三及文選卷三十惠連有擣衣一首：『衡紀無淹度，晷運倏如催……。』詩品序：「……惠連擣衣之作，斯皆五言之警策者也。」

③【注】吳騫拜經樓詩話卷四：「詩至三謝如玉人之攻玉，錦上之機錦，極天下之工巧組麗。」許講疏：「案仲偉評小謝歌謠綺麗，用一『又』字，以本書所錄，止乎五言，歌謠則非盡五言故也。」

④【注】案：謝氏家錄書無考，隋志有謝氏譜十卷。

⑤【校】許講疏：「明鈔本『思』下有『謝』字。」車校證：「擇是居本對雨樓本並無『謝』字。有『謝』字不詞。」案：今所見張氏據明正德元年開雕擇是居本，有「謝」字，或車氏誤。

⑥【注】謝靈運登池上樓：「池塘生春草，園柳變鳴禽。」

⑦【注】南史謝惠連傳亦有此語。許講疏：「王若虛滹南詩話卷一：『謝靈運夢見惠連，而得『池塘生春草』之句，以爲神助。石林詩話云：『世多不解此語爲工，蓋欲以奇求之耳，此語之工，正在無所用意，猝然與景相遇，借以成章，故非常情所能到。』冷齋云：『古人意有所至，則見於情，詩句蓋寓也。謝公

平生，喜見惠連，而夢中得之。此當論意，不當泥句。』張九成云：『靈運平日好雕鐫，此句得之自然，故以爲奇。』田承君云：『蓋是病起忽然見此爲可喜，而能道之，所以爲貴。』予謂天生好語，不待主張，苟爲不然，雖百說何益？李元膺以爲反覆求之，終不見此句之佳，正與鄙意暗同。蓋謝氏之誇誕，猶存兩晉之遺風，後世惑于其言，而不敢非，則宜其委曲之至是也。」

王疏證：「案，靈運才高詞盛，駢儷之極，時流於繁蕪。惠休『初日芙蓉』之譽，誠未必值。至如『池塘生春草』之句，則眞自然可愛，故自謂『此語有神助』也。元遺山論詩絕句云：『池塘生草謝家春，萬古千秋五字新，傳語閉門陳正字，可憐無補費精神。』又云：『坎井鳴哇自一天，江山放眼更超然，情知春草池塘句，不到柴煙糞火邊。』詩家妙處，誠當以此爲根本，此非思苦言艱者所能悟也（數語本石林詩話）。盛唐李白，才由天授，詩以神運，故極愛靈運此句，而時形諸吟詠。如感時留別云：『夢得春草句，將非惠連誰。』送舍弟云：『他日相思一夢君，應得池塘生春草。』贈從弟云：『夢得池塘生春草，使我長價登樓詩。』皆其例也。餘如宮中行樂詞云：『宮花爭笑日，池草暗生春。』書情寄從弟云：『東風引碧草，不覺生華池。』亦並本於此。」

## 宋參軍鮑照①詩

其源出於二張②。善製形狀寫物之詞③。得景陽之諔詭④；含茂先之靡嫚⑤。骨節強於謝混⑥；驅邁疾於顏延⑦。總四家而擅美，跨兩代而孤出⑧。嗟其才秀人微，故取湮當代⑨。然貴尚巧似，不避危仄，頗傷清雅之調⑩。故言險俗者多以附照⑪。

①**【注】**宋書五十一宗室傳：「鮑照，文辭贍逸，嘗爲古樂府，文甚遒麗。上好爲文章，自謂物莫能及，照悟其旨，爲文多鄙言累句，當時咸謂照才盡，實不然也。臨海王子頊爲荊州，照爲前軍參軍，掌書記之任。」（傳又見南史卷十三）

隋志：「宋征虜記室參軍鮑照集十卷。」注：「梁六卷。」

漁洋詩話卷下曰：「鮑照宜在上品。」

案：鮑照，字明遠，東海人（今江蘇灌雲縣），家居建康（今南京）。生於晉安帝義熙元年，卒於宋明帝泰始二年（四〇五—四六六），年六十二（此據吳丕績鮑譜。姜亮夫名人年里總表，生卒年均闕，年四十。）。丁氏全宋詩卷四存鮑照詩極多，共二〇七首，文選錄其樂府詩作十八首。明遠詩著原多散佚，虞炎輯爲鮑參軍集十卷（四部叢刊本），黃節注本四卷最爲詳切（商務本，藝文本）。漢魏六朝百三家集亦有鮑參軍集二卷。吳丕績有鮑照年譜（民二十九年商務本），繆鉞有鮑明遠年譜（文學月刊三卷一期，民二十一年），近人吳德周有鮑照年譜補證（幼獅學誌五卷一期）。

②【注】案：二張，張協（見上品）張華（見中品）也。二張源於王粲，景陽「巧構形似」，茂先「妍冶多情」（皆詩品語），明遠得其「諔詭」「靡嫚」。

③【注】鮑參軍詩注卷三吳興黃浦亭庾中郎別篇黃節補注曰：「本集河清頌，蠢行藻性。舞鶴賦，鍾浮曠之藻質。凌煙樓銘，藻思神居。及此篇之藻志，皆明遠自造詞。詩品所謂善製形狀寫物之詞者也。」

案：如代東門行、詠史詩、代出自薊北門行諸作，皆善於寫物製形者也。

④【注】劉熙載藝概卷二：「張景陽詩開鮑明遠。明遠遒警絕人。然鍊氣不傷氣，必推景陽獨步。」

許講疏：「今人劉昐遂云：『諔詭即弔詭，亦作弔儻，亦作倜儻，亦作佚蕩。』然則此評其『諔詭』，猶杜陵以『俊逸』題鮑耳。……辨體卷七舉明遠詩之最軼蕩者，如：『蔓草緣高隅，脩陽夾廣津，迅風首旦發，平路塞飛塵，』『雞鳴洛城裏，禁門平旦開，冠蓋縱橫至，車騎四方來。』『驄馬金絡頭，錦帶佩吳鉤，失意杯酒間，白刄起相讎。』『嚴秋筋竿勁，虜陣粗且彊，天子按劍怒，使者遙相望。』『疾風衝塞起，沙礫自飛揚，馬毛縮如蝟，角弓不可張。』等句，以爲較之顏、謝，如釋險阻而就康莊，所見甚是。」

案：古詩溫麗，不爲異巧危仄之言。爾後詩道漸新，詩人苦心積慮，以求諔詭不凡，峻健軼蕩。明遠使才任氣，往往有攻堅之勁力，如「疾風衝塞起，沙礫自飄揚。馬尾縮如蝟，角弓不可張。」「嚴秋筋竿勁，虜陣精且彊，天子按劍怒，使者遙相望。」（代出薊北門行）故李杜皆亟稱之。

⑤【注】案，茂先詩時傷綺靡，如情詩：「蘭蕙緣清渠，繁華蔭綠渚。佳人不在玆，取此欲誰與。」乃仲偉所謂「兒女情多，風雲氣少」歟。世人多知明遠詩遒健，逸蕩過人，古今詩話亦多發明此意，於「靡嫚」則弗論矣。齊書文學傳論：「……雕藻淫艷，傾炫心魂，亦猶五色之有紅紫，八音之有鄭衞，斯鮑照之遺烈也。」與仲偉意相似。明遠詩句如：「歸花先委露，別葉早辭風。」（翫月城西門廨中詩）、「風輕桃欲開，露重蘭未勝。」（與謝尚書莊三連句）等句，皆巧麗靡嫚也。

⑥【注】陸時雍詩鏡總論：「鮑照才力標舉，凌厲當年，如五丁鑿山，開人世之所未有。當其得意時，直前揮霍，目無堅壁矣。」陳繹曾詩譜：「六朝文氣衰緩，唯劉越石、鮑明遠有西漢氣骨。」案：詩品謂謝混清淺才弱，當不能與發調驚挺之鮑照相擬，然二者皆源於張華，照骨節特立，是其勝處。

⑦【校】夷門廣牘本、天都閣本，詩觸本、歷代詩話本、螢雪軒本、陳注本、古籤本、車校證本作「驅」，他本作「駈」；「駈」乃「驅」之俗字。

【注】案：延年源出於陸機，體裁綺密，又喜用古事，彌見拘束，調自較明遠爲緩。陸時雍詩鏡總論云：「當其（指鮑照）得意時，直前揮霍，目無堅壁矣。駿馬輕貂，雕弓短劍，秋風

落日，馳騁平岡，可以想此君意氣所在。」劉熙載藝概卷二：「孤蓬自振，驚沙坐飛，此鮑明遠賦句也，若移以評明遠詩，頗復相似。」

⑧【注】案：四家，指以上所評之張協、張華、謝混、顏延之四子。二張爲晉人，謝、顏則入宋，故云「兩代」，陳注訂補本云：「故能孤出于宋、齊二代也。」非是。車校證：「古直云：『此評非上品不可。益信列照中品，非嶸定制。』案，古氏此說，斷章取義，審下文所評以及上品序所言，嶸本列照中品無疑。」

⑨【校】許講疏本「取」作「致」，二字義可通，然各本並作「取」，當以「取」爲是。許本或因形近而誤。

【注】南史卷十三：「照始嘗謁義慶，未見知。欲貢詩言志，人止之曰：『郎位尚卑，不可輕忤大王。』照勃然曰：『千載上有英才異士，沈沒而不聞者安可數哉。』」何義門讀書記：「詩至于鮑，漸事夸飾，雖奇之又奇，頗乏天然，又不嫻于廊廟之製，于時名價不逮顏公，非但人微也。」案：明遠詩不爲當代所重，名聲遠落顏謝，宋書南史未爲立傳，僅附驥於宗室傳，然唐李杜亟稱之。

⑩【注】劉師培中古文學史講義自注云：「明遠樂府，固妙絕一時，其五言詩亦多淫艷，特麗而能壯，與梁代之詩稍別。」

古箋：「南齊書文學傳論曰：『次則發唱驚挺，操調險急，雕藻淫艷，傾炫心魂，亦猶五色之有紅紫，八音之有鄭衞，斯鮑照之遺烈也。』此論末流之失，與仲偉同。」

丁福保八代詩菁華錄箋注：「明遠字字鍊，步步留，以澀爲厚。」又曰：「鮑詩於去陳言之法尤嚴，只一熟字不用。又取眞境，沈響驚奇，無平緩實弱鈍僻之筆。」

車校證：「廣事類賦一二、潛確居類書八一、海錄碎事一九引鍾嶸云：『鮑參軍詩，如野鶻翻雲，良馬走堤，俊逸奔放。』此不類鍾氏語，蓋轉鈔後人詩評，而誤爲鍾嶸詩品耳。」

⑪【注】案：詩品序：「次有輕薄之徒，笑曹、劉爲古拙，謂鮑照羲皇上人。……而師鮑照，終不及『日中市朝滿』。」正是仲偉自注。許文雨講疏亦云：「鮑詩之流爲梁代側艷之詞，及此體之風靡一世，均於此覘之。」

又，古詩溫麗，思王彬彬，仲偉以爲詩之極致。然詩至有宋，古風式微，律體漸孳；逮及齊梁，益貴險仄俗艷，故鍾氏有此感歎。

## 齊吏部謝朓①詩

其源出於謝混②。微傷細密，頗在不倫③。一章之中，自有玉石。然奇章秀句，往往警遒④。足使叔源失步，明遠變色⑤。善自發詩端⑥，而末篇多躓⑦，此意銳而才弱也⑧。至爲後進士子之所嗟慕⑨。朓亟⑩與余論詩，感激頓挫過其文。

①【注】南齊書四十七：「謝朓，少好學，有美名，文章清麗。出爲宣城太守，遷尚書吏部郎。朓善草隸，長五言詩，沈約常云：『二百年來無此詩也。』」（傳又附於南史卷十九謝裕傳）

隋志：「齊吏部郎謝朓集十二卷。」又云：「謝朓逸集一卷。」

漁洋詩話：「謝朓宜在上品。」

案：謝朓，字玄暉，陳郡陽夏人（今河南太康），僑居於江蘇江寧。生於宋孝武帝大明八年，齊東昏侯永元元年卒於獄（四六四—四九九），年三十六。丁氏全齊詩卷三全卷存朓詩一六八首，文選錄其詩二十一首。郝立權有謝宣城詩注四卷考證一卷集說一卷（藝文版），於朓詩集校最由完善。中華書局四部備要本有謝宣城集，張溥漢魏六朝百三家集亦有謝宣城集一卷。謝朓年譜爲民國伍俶所編，見商務民十六年中國文學研究上（又台北明倫出版社影印本，民六十四年）日本網祐次有謝朓之傳記與作品，收於中國中世紀文學研究內（昭和三十五年）。

又，漁洋以爲謝朓宜在上品，參閱注三。

②【注】陳注：「玄暉工巧組麗，其秀逸頗似叔源遊西池一詩耳。」（案：陳注補訂版已刪去此語，甚是。）

許講疏：「按：叔源水木清華，想見閒雅之情；玄暉山水都邑，別饒曠逸之趣。謝家名章，接踵可稱，固不容昧厥源之所自也。」

李彙注：「案，謝混源出於張華，而張華一派皆得其『華艷』『妍冶』見稱。故仲偉評謝混云『得風流媚趣』也。今觀後人評謝朓詩者，如南齊書本傳、南史本傳、峴傭說詩、野鴻詩的等皆云『清麗』，而藝苑卮言云：『撰造精麗，風華映人』，詩鏡總論云：『艷而韻』，拜經堂詩話云：『如玉人之攻玉，錦上之機錦，極天下之工巧組麗』，則可知仲偉謂謝朓詩源出謝混，概亦以此而言也。」

③【注】詩品序：「三賢（案指王融、謝朓、沈約）或貴公子孫，幼有文辯，於是士流景慕，務爲精密，襞積細微，專相陵架。」

嚴羽滄浪詩話：「謝朓之詩，已有全篇似唐人者。」

胡應麟詩藪外篇：「六朝句於唐人，調不同而語相似者：『餘霞散成綺，澄江淨如練』，初唐也。『金波麗鳷鵲，玉繩低建章』，盛唐也。『天際識歸舟，雲中辨江樹』，中唐也。『魚戲新荷動，鳥散餘花落』，晚唐也。俱玄暉詩也。」

案：宣城詩密鍊，較康樂尤過之，開唐人格局，仲偉尊古抑巧，故序云：「輕薄之徒，笑曹劉爲古拙，謂鮑照羲皇上人，謝朓今古獨步。……學謝朓劣得『黃鳥度青枝』。」

④【注】王疏證：「案玄暉妙悟深情，清麗中時露壯語。沈約稱其『調與金石諧，思逐風雲上。』（傷謝朓）誠非過譽。葛立方謂：『春草秋更綠，公子未西歸。』『大江流日夜，客心悲

未央。』皆得三百篇餘韻。（韻語陽秋）胡應麟謂：遊敬亭山，和伏武昌，劉中丞之類，體裁鴻碩，詞氣沖瞻，往往與靈運延之逐鹿。（詩藪）朱子儋謂：『大江流日夜，客心悲未央。』『金波麗鳷鵲，玉繩低建章。』及『白日麗飛甍，參差皆可見。』『餘霞散成綺，澄江靜如練。』皆吞吐日月，攝摘星辰之句。（存餘堂詩話）蓋其天才命世，獨步當代。卽如：『竹樹澄遠陰，雲霞成異色。』（和宋記室省中）『日隱澗疑空，雲聚岫如複。』（和王著作融八公山）『天際識歸舟，雲中辨江樹。』（之宣城郡出新林浦向板橋）狀寫景物，思若有神。至其『非君不見思，所悲思不見。』（別王丞僧孺）『無論君不歸，君歸芳已歇。』（王孫遊）含不盡之意於言外，岷尤愛其得於性情獨深也。」

⑤【注】許講疏：「按玄暉五言之警策者，有如詩源辨體卷八所舉：日出衆鳥散，山暝孤猿吟。天際識歸舟，雲中辨江樹。南中榮橘柚，寧知鴻雁飛。春草秋更綠，公子未西歸。大江流日夜，客心悲未央。金波麗鳷鵲，玉繩低建章。風動萬年枝，日華承露掌。……等句，以視叔源，則後來居上矣。若明遠慷慨任氣，磊落使才者，視此工密之製，亦不能無愧遜，惟其緊健處，亦尚略似。詩藪外篇卷二曰：『明遠得記室（左思）之雄，而以詞爲尚，故時與玄暉近也，而去魏遠也。』」

⑥【注】楊愼升菴詩話卷二：「五言律起句最難。六朝人稱謝朓工於發端，如『大江流日夜，客心悲未央。』雄壓千古矣。」

漁洋詩話卷中：「或問詩工于發端如何？應之曰：如謝宣城大江流日夜，客心悲未央。」

王疏證：「案詩爭起結，起忌作舉止，結忌流蹟弱。嚴滄浪謂：『結句好難得，發句好尤難得。』最見甘苦之言。自來論玄暉發端之妙，咸推『大江流日夜，客心悲未央』二句。岷謂其觀朝雨之『朔風吹飛雨，蕭條江上來』，和宋記室省中之『落日飛鳥遠，憂來不可極』，和何議曹郊遊之『春心澹容與，挾弋步中林。』和王中丞聞琴之『涼風吹月露，圓景動清陰』，並有神致。新亭渚別范零陸雲之『洞庭張樂地，瀟湘帝子遊』，和江丞北戍瑯邪城之『春城麗白日，阿閣跨層樓』，亦見氣象。不妨俱標出也。」

⑦【注】陳祚明評選：「玄暉結句幽尋，亦鏗湘瑟，而詩品以爲『末篇多躓』，理所不然。夫宦轍言情，旨投思遁，賦詩見志，固應歸宿是懷，仰希逸流，貞觀丘壑，以斯託興，趣頗蕭然，恆見其高，未見其躓。」

案：氣古則厚，若水到渠成，源源而至，古詩十九首勝處卽在此；氣今則險，務爲驚人之語，而篇末往往難以爲繼。宣城詩如：「大江流日夜，客心悲未央」、「朔風吹飛雨，蕭條江上來」，造語遒峻，洵爲善發詩端，然接之以「徒念關山近，終知反路長」、「既灑百常觀，復集九成臺」，氣緩語平，無復先前景象矣。

⑧【注】藝苑巵言卷三：「玄暉不唯工發端，撰造精麗，風華映人，一時之傑，靑蓮目無往古，獨三四稱服，形之詞詠。……特不如靈運者，匪直材力小弱，靈運語俳而氣古，玄暉調俳而

氣今。」

⑨【注】案：詩品序言鮑、謝詩爲後之士子景慕，感慨良深，可參考上品序。

南齊書四十七引沈約語：「二百年來無此詩也。」

梁簡文帝與湘東王書：「至如近世謝朓沈約之詩，任昉陸倕之筆，斯實文章之冠冕，述作之楷模。」

顏之推顏氏家訓文章篇：「劉孝綽當時既有重名，無所與讓，唯服謝朓，常以謝詩置几案間，動輒諷味。」

李白宣城謝朓樓餞別校書叔雲詩曰：「蓬萊文章建安骨，中間小謝又清發。」新林阻風寄友人詩曰：「明發新林浦，空吟謝朓詩。」金陵城西樓月下吟詩曰：「解道澄江淨如練，令人長憶謝玄暉。」登九華落雁峯：「恨不攜謝朓驚人詩句來。」

杜甫寄岑嘉州詩曰：「謝朓每篇堪諷誦，馮唐已老聽吹噓。」又云：「綺麗玄暉擁。」

⑩【校】車校證：「「他本『亟』皆作『極』，古通。此作亟爲正，義猶數也，累也。」

## 齊光祿江淹①詩

文通詩體總雜，善於摹擬②。筋力於王微③，成就於謝朓④。初，淹罷宣城郡，遂宿冶亭，夢一美丈夫，自稱郭璞，謂淹曰：「吾有筆在卿處多年矣，可以見還。」淹探懷中，得五色筆以授之。爾後爲詩，不復成語，故世傳江淹才盡⑤。

①【校】「齊」當作「梁」。吟窗雜錄本、山堂考索本正作「梁」。南史卷五十九江淹傳云：「天監元年（梁武帝年號）爲散騎常侍左衞將軍，……以疾遷金紫光祿大夫。」梁書記載亦同。江淹卒於梁武帝天監四年。惜抱軒筆記八：「阮亭五言詩抄置謝朓於齊，置江淹於梁，此以二人所卒之朝定耳。實則醴陵乃元暉之前輩，故鍾嶸曰：『齊永明中，謝朓未遒，江淹才盡。』以江在謝前也。」

【注】梁書卷十四：「江淹，遷金紫光祿大夫，改封醴陵侯。少以文章顯，晚節才思微退，時人皆謂之才盡，凡所著述百餘篇，自撰爲前後集，幷齊史十志竝行於世。」（傳又見南史卷五十九及「自序傳」見江醴陵集）

隋志：「梁金紫光祿大夫江淹集九卷。」注：「梁二十卷。江淹後集十卷。江淹擬古一卷。」

案：江淹，字文通，濟陽考城人（南朝僑置郡縣，在今江蘇南考城）。生於宋文帝元嘉二十一年，卒於梁武帝天監四年（四四四—五〇五），年六十二。丁氏全梁詩卷五全卷存江淹詩一〇二首，文選錄三十二首。今傳江文通集十卷（四部叢刊本，又有四部備要本），漢魏六朝百三家集有江醴陵集二卷。明胡人驥有江文通集彙注十卷。近人吳丕績有江淹年

譜（商務史學叢書本，民二十七年版）

又，漁洋詩話以爲江淹當在上品，參見注二。

②【注】案：文通雜體三十首、效阮公詩十五首，學步前賢，不名一格，雜體并序云：「夫楚謠漢風既非一骨，魏製晉造固亦二體。……世之諸賢，各滯所迷，莫不論甘而忌辛，好丹而非素，豈所謂通方廣恕好遠兼愛者哉。……然五言之興，諒非夐古，但關西鄴下，既已罕同；河外江南，頗爲異法。故玄黃經緯之辨，金碧浮沈之殊，僕以爲亦各具美兼善而已。今作三十首詩，斅其文體，雖不足品藻淵流，庶亦無乖商榷云爾。」

嚴羽滄浪詩話：「擬古推江文通最長。擬淵明似淵明，擬康樂似康樂，擬左思似左思，擬郭璞似郭璞。獨擬李都尉一首，不似西漢耳。」

詩家直說：「江淹擬劉琨用韻整齊，造語沈着，不如越石吐出心肝。擬顏延年辭致典縟，得應制之體，但不變句法耳。」

陳繹曾詩譜：「江淹善觀古作，曲盡心平之妙，其自作乃不能爾。」

王疏證：「案文通雜擬，規摹往古名篇，自謂無乖商榷，昔賢亦備推許。嚴羽僅謂其『擬李都尉一首，不似西漢。』（見滄浪詩話），胡應麟則謂其『擬漢三詩俱遠。』（見詩藪）至汪師韓，則譏其『無詞累句居其半。』如魏文帝遊宴云：『淵魚猶伏蒲』（伯牙鼓琴而淵魚出聽，易出聽爲伏蒲，則意晦。）……之類，亦誠有瑕可指。（詳詩學纂聞）。六朝人造詞拙劣强湊處，正多類此，文通擬古，仍難免限於風習，自覺失體，然其佳處，亦自不可掩也。」

③【校】車校證：「對雨樓本、擇是居本、五朝小說本、說郛本、漢魏本、廣漢魏本、學詩津逮本、歷代詩話本、龍威秘書本、五朝小說本、螢雪軒本、陳注本、杜注本，『筋』皆作『觔』，俗。」

【注】許講疏：「按文通雜體詩，有王微君養疾一首，黃庭鵠古詩治注云：『原詩缺。』今就文通擬作觀之，其起語曰：『窈藹瀟湘空，翠澗澹無滋。』黃庭鵠引孫評云：『古峭甚。』然則以文通所擬必似者例之，此古峭之語，卽筋力於王微也。」

案：王景玄辭哀而情淒怨，文通詩亦有「淒涼日暮，不可如何之意」（劉熙載語），及「急以怨」之情（文中子語）。至若雜體王微君養疾一首，則甚古峭。

④【注】案，玄暉詩玉石秀句，往往警遒，文通亦蒼秀婉麗，如：「昔我別楚水，秋月麗秋天。今君客吳坂，春色縹春泉。」「玉柱空掩露，金樽坐含霜。」是得小謝者也。

李彙注：「案，謝朓出於謝混，而謝混、王微同出張華，此王微、謝朓共爲張華一派也。然則仲偉雖分論王、謝二人，其實同歸一張華也。何勞分辨文通詩，甲似王微，乙似謝朓耶。仲偉分論王、謝之旨，主在品級文通詩之高下也。謝混、王微條云：『豫章、僕射，宜分庭抗禮；徵君、太尉，可託乘後車。』又謝朓條云：『足使叔源失步。』審此兩段文，則可屬張華一派，而其品級，則已超出王微，而可以比肩謝朓也。又原詩內篇評文通詩謂『韶嫵』，歷代詩話卷三十三戌集六評其謂『清婉秀麗』，此皆可屬張華一派之評也。」

⑤【注】案：文通夢郭璞還彩筆，南史本傳記載略同，南史又載、「淹少以文章顯，晚節才思微退，云：爲宣城太守時，罷歸，始泊禪靈寺渚。夜夢一人，自稱張景陽，謂曰：『前以一匹錦相寄，今可見還。』淹探懷中，得數尺與之。此人大恚，曰：『那得割截都盡。』顧見丘遲，謂曰：『餘此數尺，既無所用，以遺君。』自爾淹文章躓矣。」梁書則盡刋落之。陳注補訂本：「景定建康志曰：『夢筆驛。淹本集云：嘗宿于冶亭，夢見一丈夫，自稱郭璞，謂淹曰：吾有筆在公處多年，可以見還。淹乃探懷中，得五色筆一以授之，爾後爲詩，絕無美句，時人謂之才盡。按建康有冶亭，在冶城，又有東冶亭，在秦淮上，皆六朝士大夫餞送之所。淹本集所載始末，皆建康事也。夢筆驛不知在何處。』按同治上江兩縣志云：『建康志引庚溪詩話云：『夢筆驛，江淹舊居，即夢郭璞索筆處也，在冶亭。』今考建康志所載，與此不同，未知何本？待考。」許講疏：「按此有二說：一以爲文通才盡，由於後日官顯，處富貴之境，忘其爲詩，故精語亦歇。如藝苑卮言卷八云：『文通裂錦還筆入夢以來，便無佳句，人謂才盡，殆非也。昔人夜聞歌渭城甚佳，賀明跡之，乃一小民傭酒館者，捐百緡，予使鬻酒，久之，不復能歌渭城矣。近一江右貴人，彊仕之始，詩頗清淡，既涉貴顯，雖篇什日繁，而惡道坌出，

人怪其故，予曰，此不能歌渭城也。』一以爲越世高談，與時代背馳，故有才盡之譏。如王船山評選文通臥疾怨別劉長史云：『文通于時，乃至不欲取好景，亦不欲得好句，脈脈自持，一如處女，惟循意以爲尺幅耳。此其所作者自命何如也。前有任筆沈詩之俗譽，後有宮體之陋習，故或謂之才盡，彼自不屑盡其才，才豈盡哉。』」

## 梁衛將軍范雲①梁中書郎丘遲②詩

范詩清便宛轉③，如流風迴雪④；丘詩點綴暎媚，似落花依草⑤。故當淺於江淹，而秀於任昉⑥。

①【注】梁書卷十三：「范雲，少機警，有識具，善屬文便尺牘，下筆輒成，未嘗定藁，時人每疑其宿構。卒，追贈侍中衛將軍。有集三十卷。」（傳又見南史卷五十七）

隋志：「梁尚書僕射范雲集十一卷。」注：「幷錄。」

案：范雲，字彥龍，南鄉無陰人（今河南淅川縣東南）。生於宋文帝元嘉二十八年，卒於梁武帝天監二年（四五一－五〇三），年五十三。丁氏全梁詩卷六存范雲詩四十一首，文選錄三首。

②【校】車校證：「學詩津逮本、學津討源本、談藝珠叢本、紫藤書屋本、四部備要本、丘皆作『邱』，下『丘』字同，古字通用。漢魏本此文及下文並作『丠』，『丠』正字，丘隸變。

龍威秘書本誤作『正』，下『丘』字作『邱』。」

【注】梁書四十九文學傳：「丘遲，八歲便屬文。及長，舉秀才，除太學博士。高祖踐祚，拜散騎侍郎，俄遷中書侍郎。還拜中書郎。所著詩賦行於世。」（傳又見南史卷七十二）

隋志：「梁國子博士丘遲集十卷。」注：「幷錄，梁十一卷。」

案：丘遲，字希範，吳興烏程人（今浙江吳興），生於宋孝武帝大明八年，卒於梁武帝天監七年（四六四—五〇八），年四十五。丁氏全梁詩卷六存丘遲詩十一首，文選錄二首。今傳丘司空集一卷，見張溥輯漢魏六朝百三家集；又有丘中郎集輯本一卷，見嚴可均輯全梁文本。

③【校】車校證：「南史遲傳、通志遲傳、御覽、古今合璧事類、山堂肆考、廣事類賦、子史精華引此句皆作『婉轉清便』。……據此則『宛轉』二字本在『清便』二字之上，今本蓋後人所乙也。」

④【注】許講疏：「按此評范詩之聲調也。陳祚明選其贈張徐州謖詩，有『造章警快』之評，卽其例。」

案：彥龍諸作本諸古樂府，然宛轉麗質，滋味別於古漢，如：「孤煙起新豐，候鴈出雲中。草低金城霧，木下至門風。」「洛陽城東西，長作經時別。昔去雪如花，今來花似雪。」皆「飄飄兮若流風之廻雪」（曹植洛神賦語），聲情秀麗矣。非如許氏所言只評其聲調，蓋許其詩也。

⑤【注】許講疏：「按此評丘詩之辭筆也。邱詩如旦發魚浦潭，中有云：『村童忽相聚，野老時一望，詭怪石異象，嶄絕峰殊狀，森森荒樹齊，析析寒沙漲，藤垂島異涉，崖傾嶼難傍。』歷寫山水人物，有如仲偉所評者。竹林詩話評云：『丘遲之作，如琪樹玲瓏，金芝布濩，九霄春露，三島秋雲。』」

案：丘遲與陳伯之書：「暮春三月，江南草長，雜花生樹，群鶯亂飛。」風姿搖曳，其詩如九日侍宴樂遊苑、旦發魚浦潭等，亦復如是。

⑥【注】許講疏：「以仲偉所評，知范丘二家，均務於清淺，較諸江郎古峭之語，筋力于王微者，爲殊科矣。若夫任昉博物，動輒用事，視范丘清淺之章，殊損奇秀之致焉。」

李徽注：「案，此評亦有論其優劣之意。卽范、丘二家之詩，劣於江淹，而優於任昉也。江詩成就於謝朓，當得其優位；任詩依國士之風，而强居中品，宜置之於劣位也。南史丘遲傳引此條謂：『雖取賤文通，而秀於敬子。』與此文稍異。」

案：江淹總雜深遠，任昉務爲博物用事，自異於范、丘之清淺奇秀。

## 梁太常任昉①詩

彥昇少年爲詩不工，故世稱沈詩任筆，昉深恨之②。晚節愛好既篤，又

③亦遒變。若④銓事理，拓體淵雅，得國士之風，故擢居中品⑤。但昉既博物⑥，動輒用事，所以詩不得奇。少年士子，效其如此，弊矣⑦。

①【注】梁書卷十四：「任昉，幼而好學，早知名。雅善屬文，尤長載筆，才思無窮，當世公王表奏莫不請焉。昉起草卽成，不加點竄。沈約一代詞宗，深所推挹。追贈太常卿，謚曰敬子。撰雜傳二百四十七卷，地記二百五十二卷，文章三十三卷。」（傳又見南史卷五十九）

隋志：「梁太常卿任昉集三十四卷。」

案：任昉，字彥昇，樂安博昌人，僑居於江蘇江寧。生於宋孝武帝大明四年，卒於梁武帝天監七年（四六〇—五〇八），年四十九。丁氏全梁詩卷六存任昉詩二十一首，文選錄彥昇文獨多，詩但得兩首，時人謂沈詩任筆，蓋亦不誣也。漢魏六朝一百三家集有任中丞集一卷。

②【校】顧氏文房小說本，龍威秘書本、漢魏叢書本、詩觸本、螢雪軒本「恨」作「悵」。

【注】南史五十九任昉傳：「時人云：任筆沈詩。昉聞之，甚以爲病。」又卷五十七沈約傳：「謝玄暉善爲詩，任彥昇工於筆，約兼而有之，然不能過也。」

金樓子立言：「任彥昇甲部闕如，才長筆翰，善輯流略，遂有龍門之名，斯亦一時之盛。』

梁簡文帝與湘東王書：「近世謝朓、沈約之詩，任昉、陸倕之筆，斯實文章之冠冕，述作之楷模。」

③【校】夷門廣牘本、漢魏叢書本、顧氏文房小說本、詩觸本、龍威秘書本、作「又」，疑爲「文」之壞字。天都閣本、歷代詩話本、螢雪軒本、古箋本、陳注本、許講疏本、車校證本、作「文」，以「文」字爲勝。

④【校】王疏證：「案此語與上下文不相含接，若蓋善之形誤。陳延傑本徑改爲善字，是也。」案：夷門廣牘本、漢魏叢書本、顧氏文房小說本、續百川學海本、說郛本、詩觸本、龍威秘書本、螢雪軒本、古箋本、許講疏本、李彙注本並作「若」。吟窗雜錄本作「善」，以「善」爲佳。

⑤【注】許講疏：「陳祚明曰：『以彥昇之才而晚節始能作詩，要將深詣于斯，不肯隨俗靡靡也。今觀其所存，僅二十篇許耳，而思旨之曲，情懷之眞，筆調之蒼，章法之異，每一篇如構一迷樓，必也冥心洞神，雕搜無象，然後能作，方將抉三百篇離騷之蘊，發十九首漢魏之覆，雲變瀾翻，自成一家，而高視四代，此掣巨鼇手也。千秋而下，惟少陵與相競爽。所造至此，鍾嶸胡足以知之？而謂「動輒用事，詩不得奇。」悲夫，奇孰奇於彥昇，且其詩具在，初亦未嘗用事也。作此品題，何殊夢語。』按陳說未是，史載彥昇有集三十四卷，今其所存詩僅二十許篇，則亡逸者必多，陳氏當亦無從證明其未嘗用事也。況仲偉前曾云『辭既失高，則宜加事義，雖謝天才，且表學問。』此又云『善銓事理，拓體淵雅，』前後一貫，循實酌中，初非有所武斷；其以『淵雅』許彥昇，又何嘗有排斥之意邪？陳氏坐

昧其旨耳！」

古箋：「案當時傾慕彥昇者多，仲偉擢昉中品，殆不得已。故抑揚之際，微文寓焉。自序所云：『三品升降，差非定制，方申變裁，請寄知者。』當爲此輩發也。」

案：彥昇善筆，淵雅婉轉，有譽當世，韻語迨非所長。然博物用事，寖以成俗，故擢居中品。

⑥【注】南史五十九任昉傳：「博學於書，無所不見。家雖貧，聚書至萬餘卷，率多異本。」

⑦【注】南史任昉傳：「晚節轉好著詩，欲以傾沈。用事過多，屬辭不得流便。自爾都下士子慕之，轉爲穿鑿。」

詩品序：「近任昉、王元長等，詞不貴奇，競須新事。爾來作者，寖以成俗。遂乃句無虛語，語無虛字，拘攣補衲，蠹文已甚。」

## 梁左光祿沈約①詩

觀休文衆製，五言最優②。詳其文體，察其餘論，固知憲章鮑明遠也③，所以不閑於經綸，而長於清怨④。永明相王愛文⑤，王元長等皆宗附之字⑥。于時，謝朓未遒，江淹才盡，范雲名級故微⑦，故約稱獨步⑧。雖文不至其工麗，亦一時之選也⑨。見重閭里，誦詠成音。嶸謂：約所著既多⑩，今翦除淫雜⑪，收其精要，允爲中品之第矣⑫。故當詞密於范，意淺於江也⑬。

①【注】梁書十三沈約傳：「沈約，篤志好學，晝夜不倦。博通群籍，能屬文。高祖受禪，爲尚書僕射，封建昌縣侯，邑千戶。轉左光祿大夫。謝玄暉善爲詩，任彥昇工於文章，約兼而有之，然不能過也。所著晉書百一十卷，宋書百卷，齊書二十卷，高祖紀十四卷，宋文章志三十卷，文集一百卷，皆行於世。又撰四聲譜，以爲在昔詞人累千載而不寤，而獨得胸衿，窮其妙旨，自謂入神之作。」（傳又見南史卷五十七，又可參考宋書末自序）

隋志：「梁特進沈約集一百一卷。」注：「幷錄。」

案：沈約，字休文，吳興武康（今浙江武康縣）人，生於宋文帝元嘉十八年，卒於梁武帝天監十二年（四四一—五一三），年七十三。歷仕宋、齊、梁三代，領袖一代文風，與謝朓、王融等揭櫫四聲八病之說，立後世律詩賦之基石，世呼永明體。丁氏全梁詩卷四存沈約詩一八一首，文選錄十三首。詩文集有沈隱侯集二卷，見漢魏六朝百三家集本。伍俶編有沈約年譜（民二十年中山大學文史研究所輯刋一卷一期），日人鈴木虎雄編有沈休文年譜一卷，原載於支那學論叢內，馬導源有譯本（民二十四年商務版）。

②【注】案：今傳休文詩一百餘首，四時百紵歌五首爲七言，四言亦僅得侍皇太子釋奠宴數首而已，餘皆五言。

③【注】案：休文詩深沈，不類鮑之驚挺險仄，而頗近於康樂。故陳祚明采菽堂古詩選卷二十三云：「休文詩體，全宗康樂。以命意爲先，以煉氣爲主，辭隨意運，態以氣流，故華而不浮，雋而不靡。詩品以爲憲章明遠，源流既譌，獨謂工麗見長，品題並謬。……所未逮康樂者，意雖遠而不曲，氣雖厚而不幽。」

④【注】陳注訂補本：「此言不閑于朝廟之製，與明遠同。若應詔應制諸作，皆困躓，非若顏延年之經綸也。他若應王中丞思遠詠月，學省愁臥諸詩，彌足清怨矣。」

許講疏：「鄭文焯云：『閑當作嫻。』按此謂休文終非經國才，亦如明遠之才秀人微，而有清怨之詞也。詩紀別集六引劉會孟曰：『沈休文懷舊九首，杜子美八哀之祖也。』」

案：「經綸」，許講疏本作「結綸」，誤。此處經綸，言詩之經營構造也，非指經綸天下之才學。

⑤【注】永明，齊武帝年號，當西元四八三—四九三年。

案：永明時，竟陵王蕭子良好文學，納賓客，天下才士，皆游集門下。而梁武帝蕭衍與王融、謝朓、任昉、沈約、陸倕、范雲、蕭琛八子，尤受禮敬，號曰竟陵八友。謝朓長于詩，任昉長于筆，沈約則兼美矣。

南史卷四十八陸厥傳：「（永明）時盛爲文章，吳興沈約、陳郡謝朓、琅邪王融，以氣類相推轂。汝南周顒善識聲韻。約等文皆用宮商，將平上去入四聲，以此制韻，有平頭、上尾、蠭腰、鶴膝。五字之中，音韻悉異，兩句之內，角徵不同，不可增減，世呼為永明體。」同書卷五十七沈約傳：「時竟陵王招士，約與蘭陵蕭琛、琅邪王融、陳郡謝朓、南郡范雲、樂安任昉等，皆遊焉，當世號爲得人。」

⑥**【校】**夷門廣牘本「之」下作「字」，不文。他本並作「約」。王疏證：「案約字與下文『故約稱獨步』複，疑是衍文。」

車校證：「『皆宗附之約』，義頗難通，南史、通志引此並無『之』，文雖可通，而無王元長等皆宗附約之事實。卽以倡四聲論而言，鍾氏亦謂『王元長創其首，沈約、謝朓揚其波』（見下品序，則當云『約宗附王元長』，不當言『王元長宗附約』。竊疑此文『約』字本在『等』字上。原文本作『王元長約等皆宗附之』，鍾書人名下用『等』字，不僅舉一人，如中品序『任昉、王元長等，詞不貴奇，競須新事』，卽其例也。此文『之』字，當指永明相王而言，卽竟陵王子良也。梁書武帝紀上有云『竟陵王子良開西邸，招文學，高祖與沈約、謝朓、王融、蕭琛、范雲、任昉、陸倕等並遊焉，號曰八友。』南史沈約傳有云『時竟陵王招士，約與蘭陵蕭琛、琅邪王融、陳郡謝朓、南郡范雲、樂安任昉等遊焉，』則此言王元長、沈約等宗附竟陵王，正與事實相符，可證『約』字本在『等』字上也。』」

案：車校證是。

⑦**【校】**車校證：「案『名級故微，『故』疑本作『尚』，涉下文『故』字而誤。通志引正作『尚』；

南史引作『又』。『又』與『尙』義近。南史、通志引『稱』上並略『約』字。」

李彙注：「案，『故微』之『故』字，疑本作『固』。故與固音近，而又涉下文『故約稱』之『故』而誤歟。雖固、故可通用，於此重出故字，似文不得固字之自然。」

案：當從李說。

⑧【注】沈德潛古詩源卷十二：「家令詩較之鮑謝，性情聲色俱遜一格矣。然在蕭梁之代，亦推大家。以篇幅尙濶，詞氣尙厚，能存古詩一脈也。」

⑨【注】案：陳注本、許講疏本、汪注本、車校證本、斷句俱作：「雖文不至，其工麗亦一時之選也。」陳祚明采菽堂古詩選卷二十三：「詩品獨謂工麗見長，品題並謬。要其據勝，特在含毫之先，命旨既超，匠心獨造，渾淪跌宕，具以神行，句字之間，不妨率直。」中明之義，亦與陳注本等斷句同。陳注訂補本、立命館疏本、張陳卿本、李彙注本，斷句作：「雖文不至其工麗，亦一時之選也。」審其文義語氣，當以此說爲宜。

⑩【注】案：休文年壽七十三，詩作極多，王船山嘗言休文詩萬餘言。丁氏全梁詩網羅甚齊，得一百八十一首。尙有宋書、文集等數百卷，著作豐厚，詳見梁書卷十三本傳。

⑪【校】夷門廣牘本、津逮本、顧氏文房小說本，作「溼雜」，不詞；蓋「溼」乃「淫」字之形誤。他本如山堂考索本、漢魏叢書本、說郛本、五朝小說大觀本、學詩津逮本、龍威秘書本、歷代詩話本、螢雪軒本、陳注本、車校證本並作「淫」。

⑫【注】南史五十七沈約傳：「鍾嶸嘗求譽於沈約，約拒之。及約卒，嶸品古今詩，爲評言其優劣，蓋追宿憾，以此報約也。」

詩藪：「休文諸作，材力有餘，風神全乏，視彥昇、彥龍，僅乃過之。世以鍾氏私憾，抑置中品，非也。」

⑬【注】姚惜抱軒筆記卷八曰：「阮亭謂梁時，江淹何遜爲兩雄，在沈約范雲之上。吾謂醴陵果勝隱侯，若仲言詩才亦弱耳，隱侯猶當勝之。彥龍固非休文之匹。鍾嶸品休文云：『辭宏於范，意淺於江。』此殊爲公允，安得謂其追宿憾也。」

李重華貞一齋詩說：「沈隱侯最講聲病，昭明選錄至多，余意沈詩生氣索然，並不逮何范二家。」

案：江淹總雜，范雲清便，休文工麗，自密於范，淺於江。

# 詩品下

昔曹、劉殆①文章之聖，陸、謝爲體貳之才。銳精研思，千百年中，而不聞宮商之辨②，四聲之論③。或謂前達偶然不見，豈其然乎④。

嘗試言之，古者⑤詩頌，皆被之金竹⑥，故非調五音，無以諧會⑦。若「置酒高堂上」⑧、「明月照高樓」⑨，爲韻之首。故三祖⑩之詞，文或不工，而韻入歌唱，此重音韻之義也⑪，與世之言宮商異矣⑫。今既不被管絃，亦何取於聲律耶⑬。

齊有王元長者，嘗謂余云：「宮商與二儀俱生，自古詞人不知之，唯顏憲子⑭乃云律呂音調⑮，而其實大謬。唯見范曄、謝莊頗識之爾⑯。常欲進知音論未就。」王元長創其首，謝朓、沈約揚其波⑰。三賢或⑱貴公子孫，幼有文辯⑲。於是士流景慕，務爲精密。襞積細微，專相凌架。故使文多拘忌，傷其眞美。余謂文製，本須諷讀，不可蹇礙，但令清濁通流，口吻調利，斯爲足矣⑳。至㉑平、上、去、入，則余病未能；蜂腰、鶴膝，閭里已具㉒。

陳思贈弟㉓，仲宣七哀㉔，公幹思友㉕，阮籍詠懷㉖，子卿雙鳧㉗，叔夜雙鸞㉘，茂先寒夕㉙，平叔衣單㉚，安仁倦暑㉛，景陽苦雨㉜，靈運鄴中

㉝，士衡擬古㉞，越石感亂㉟，景純詠僊㊱，王微風月㊲，謝客山泉㊳，叔源離宴㊴，鮑照戍邊㊵，太沖詠史㊶，顏延入洛㊷，陶公詠貧之製㊸，惠連擣衣之作㊹，斯皆五言之警策者也。所謂㊺篇章之珠澤，文彩之鄧林㊻。

①【校】漢魏叢書本「殆」作「始」，誤。

②【注】案：宮、商、角、徵、羽，本爲五音，沈約之徒，以之附麗詞文，謂獨窺天籟。宋書謝靈運傳論云：「夫五色相宣，八音協暢，由乎玄黃律呂，各適物宜。欲使宮羽相變，低昂舛節，若前有浮聲，則後須切響；一簡之內，音韻盡殊；兩句之中，輕重悉異。」沈約答陸厥書：「自古辭人……雖知五音之異，而其中參差變動，所昧實多，故鄙意所謂此秘未覩者也。」

③【注】案：平、上、去、入，謂之四聲。沈約嘗撰四聲譜，以爲獨得胸襟，窮達妙旨。又，東漢以還，浮屠東漸，譯經於焉興盛。轉讀梵唄，不得不求諸考文審音。其時竟陵八友，妙識音韻，創四聲八病之說，於是人爲之律乃代自然之調。

④【注】沈約宋書謝靈運傳論：「自靈均以來，多歷年所，雖文體稍精，而此秘未覩。至於高言妙句，音韻天成，皆暗與理合，匪由思至。張、蔡、曹、王，曾無先覺；潘、陸、顏、謝，去之彌遠。」

⑤【校】漢魏叢書本「古者」作「曰古」，非是。夷門廣牘本、山堂考索本、稗篇本、車校證本，

並作「古者」；他本作「古曰」。

⑥【注】禮記樂記：「金、石、絲、竹，樂之器也。」

⑦【注】案：此言詩之起源與音樂不可分，詩大序所言嗟嘆、永歌、手舞、足蹈，即此義也。史記孔子世家：「三百五篇，孔子皆弦歌之，以求合韶、武、雅、頌之音。」

⑧【注】古箋：「曹子建箜篌引：『置酒高殿上，親交從我遊。』……案：『置酒高殿上』，仲偉引作『高堂上』，蓋所見異文也。若阮瑀雜詩：『我行自凜秋，季冬乃來歸。置酒高堂上，友朋集光輝。』字雖不誤，而非韻首。仲偉必非指此。」許講疏詩品附錄二闢古氏之說，以爲：「詩品序云：『置酒高堂上，爲韻之首。』歷來指爲阮瑀雜詩，自不誤。古君獨以爲此句非瑀句之韻首，易箋爲曹植箜篌引『置酒高殿上』句。臆云詩品『殿』作『堂』，乃所見異文也。不知六朝人如張正見江總之擬『置酒高殿上』，樂府廁相和瑟調；孔欣之擬『置酒高堂上』，樂府廁相和平調：並無『堂』『殿』異文之糾混。足證古說實誤。案范曄在獄與甥姪書，論文則曰：『別宮商，識清濁』。論筆則曰『差易於文，不拘韻故也』。是『韻』即指宮商清濁也。（從黃侃說）至阮元文韻說，尤詳言之，首云『梁時恆言所謂韻者，固指押脚韻，亦兼謂章句中之音韻，故古人所言之宮羽，今人所言之平仄也。』中又引證沈約答陸厥書『韻與不韻』諸語。云：『休文此說，乃指各文章句之內有音韻宮羽而言，非謂句末之押脚韻也。』末復綜而論之曰：『凡文者在聲爲宮商，（中略）韻者即

聲音也，聲音即文也。』統觀范沈二氏用誼，恰與記室此文相合。記室先以詩頌非調五音無以諧會爲言。次舉置酒高堂上，明月照高樓二句，爲韻之首。是其意謂二句音諧，堪稱第一也。若從古箋易爲『置酒高殿上』，則浮切既差，口吻安得調利？記室雖頗詬當日四聲八病之苛分，然於平仄之理，固非屏棄勿講者。（此點即近儒陳衍詩品平議，亦有誤會。）觀此舉例，既謂重音韻，下文又有令清濁通流之言，皆顯證也。況果如古箋『韻首』之說，則是舉其起調，何以原文至此忽絕？徒例勿評，是當作脫簡論，亦豈可通乎！」

案：許說是，古說非。

⑨【注】見曹植七哀詩。「明月照高樓，流光正徘徊。」

⑩【注】魏武帝操太祖；文帝丕高祖；明帝叡烈祖，曰三祖。沈約宋書謝靈運傳論亦云：「三祖陳王，咸蓄盛藻。」

⑪【注】武帝紀注引魏書曰：「太祖創造大業，文武並馳，登高必賦，及造新詩，被之管絃，皆成樂章。」

案：三祖多倣樂府之詞，故韻入歌唱。

⑫【注】案：言三祖韻入歌唱，即音協宮商，可入樂府，與今世不入樂之詩亦調四聲者異。故下言「不被管絃，亦何取聲律耶？」

⑬【注】顏延之庭誥：「荀爽云：『詩者，古之歌章。』」說詩晬語卷上：「詩三百篇，可以被諸管

絃，皆古樂章也。漢時詩樂始分，乃立樂府。……漢以後因之，而節奏漸失。」

案：永明以來，拘於聲病。不被管絃，奢談律呂，是傷情性，害文辭者也。未若吐納天成，矯健空靈，此仲偉所致意者（其時梁武帝亦反對聲病）。然藝術之境日進，詩學分軌之迹顯然，人爲聲律代之而興，抑揚頓挫、四聲八病乃發文字之秘，盡音聲之情。爾後近體璀璨，格律亦有力焉，惜仲偉未及見。

⑭【注】顏延之諡曰憲子，見宋書本傳。

⑮【注】案：古正樂律之器，截竹爲管，以管之短長訂音之高低。陰、陽各六，陽者爲律，陰者爲呂。六律：黃鍾、太簇、姑洗、蕤賓、夷則、無射。六呂：大呂、夾鍾、中呂、林鍾、南呂、應鍾。

⑯【注】范曄，見下品。

宋書范曄獄中與諸甥姪書云：「性別宮商，識清濁，斯自然也。觀古今文人，多不會了此處。縱有會此者，不必從根本中來，言之皆有實證，非爲空談。年少中，謝莊最有其分，手筆差易，文不拘韻故也。吾思乃無定方，特能濟難適輕重。」文心聲律篇范注：「謝莊深明聲律，故其所作赤鸚鵡賦爲後世律賦之祖。」

⑰【注】南史卷四十八陸厥傳：「（永明）時，盛爲文章，吳興沈約、陳郡謝朓、瑯玡王融，以氣類相推轂。汝南周顒，善識聲韻。約等文皆用宮商，將平上去入四聲，以此制韻，有平頭、

上尾、蜂腰、鶴膝。五字之中，音韻悉異；兩句之內，角徵不同，不可增減，世呼爲永明體。」同書卷五十庾肩吾傳亦云：「齊永明中，王融、謝朓、沈約文章，始用四聲，以爲新變，至是轉拘聲韻，彌爲麗靡，復踰往時。」

文鏡秘府一四聲論云：「宋末以來，始有四聲之目，沈氏乃著其譜，論云：起自周顒。」（范著文心聲律篇註引）。

⑱【校】吟窗雜錄本「或」作「咸」。作「咸」較優，當從之。

⑲【校】顧氏文房小說本、說郛本、對雨樓本、漢魏叢書本、詩觸本、龍威秘書本「辯」作「辨」。

【注】許講疏：「王融，宋征虜將軍王僧達孫。謝朓，宋僕射謝景仁之從孫。沈約，宋征虜將軍沈林子之孫。」

⑳【注】空海文鏡秘府論卷一：「嶸徒見口吻之爲工，不知調和之有術。」

古箋：「案：南齊書文學傳論曰：『雜以風謠，輕脣利吻。』文心雕龍聲律篇曰：『吐納律呂，脣吻而已。』金樓子曰：『至如文者，惟須脣吻遒會，情靈搖蕩。』並與仲偉之說相發。」

黃侃文心雕龍札記：「夫王謝諸賢，身皆貴顯，佐以詞華，宜其致士流之景慕，爲文苑別闢術阡。卽實論之，文固以音節諧適爲宜。至於襞積細微，務爲瑣屑，笑古人之未工，詫此秘爲獨得，則亦賢哲之過也。彥和生於齊世，適當王沈之時。又文心初成，將欲取定沈約，不得不枉道從人，以期見譽。觀南史舍人傳言『約既取讀，大重之，謂深得文理，』知隱侯所賞獨在此一篇矣。當其時獨持己說，不隨波而靡者，惟有鍾記室一人。其詩品下篇詆訶王謝沈三子，皆平心之論，非由於報宿憾而爲之。（南史嶸傳：『嶸嘗求譽於約，約拒之。及約卒，嶸品古今詩爲評，言其優劣云云，蓋追宿憾以此報之也。』今案記室之言，無傷直道，南史所言，非篤論也。」）若舉此一節而言，記室固優於舍人無算也。……自梁以來，聲律之學，愈爲精密。至於唐世，文則漸成四六，詩則別有近體。推原其朔，不能不歸其績於隱侯。……觀夫虞夏之籍，姬孔之書，諸子之文，辭人之作，雖高下洪細，判然有殊。至於便籀誦，利稱說者，總歸一揆，亦何必拘拘於浮切，斷斷於宮徵，然後爲貴乎？至於古代詩歌，皆先成文章，而後被聲樂。諧適與否，斷以匈懷，亦非若後世之詞曲，必按譜以爲之也。自聲律之論興，拘者則留情於四聲八病，矯之者則務欲隳廢之，至於佶屈蹇吃而後已，斯皆未爲中道。善乎鍾記室之言曰：『文製本須諷讀，不可蹇礙，但令清濁通流，口吻調利，斯爲足矣。』斯可謂曉音節之理，藥聲律之拘。」

㉑【校】文鏡秘府論引「至」下有「於」字；吟窗雜錄本「至」下有「如」字。

㉒【注】案：沈約以爲詩有八病不可犯，曰：平頭、上尾、蜂腰、鶴膝、大韻、小韻、正紐、旁紐。

黃侃文心雕龍札記：「沈休文酷裁八病，令人苦之。……記室云：『蜂腰鶴膝，閭里已具。蓋謂雖尋常歌謠，亦自然不犯之，可毋嚴設科禁也。」

㉓【注】案：指陳思王贈白馬王彪詩。詩見於文選卷二十四，及丁氏全三國詩卷二。

㉔【注】王粲七哀詩，見文選卷二十三錄二首，丁氏全三國詩卷三存三首。

㉕【注】案：如劉楨贈五官中郎將詩，贈徐幹詩是。詩見於文選卷二十三，及丁氏全三國詩卷三。

㉖【注】阮籍詠懷詩八十二首，見丁氏全三國詩卷五，文選卷二十三錄詠懷十七首。

㉗【注】蘇武字子卿。

【校】車校證：「案，古直、陳延傑據初學記及古文苑，並舉蘇武別李陵詩『雙（一作二）鳧俱北飛』之句。惟詩品三品中，皆未列子卿，『子卿』蓋本作『少卿』。考雙鳧詩乃李陵贈蘇武之作。初學記一八引李陵贈蘇武詩曰：『二鳧（環案，古文苑作『雙鳧』。）俱北飛，一鳧獨南翔。子當留斯館，我當歸故鄉。』（古、陳二氏引『蘇武別李陵』詩，或失檢，或據古文苑標題妄改。）僅此四句（古文苑多『一別如秦胡，會見何詎央。愴恨切中懷，不覺淚沾裳。願子長努力，言笑莫相忘。』六句）竊疑『子』、『我』二字當互易，本作『我當留斯館，子當歸故鄉。』因『子』、『我』二字誤錯，古文苑遂妄列入蘇武別李陵之作矣（蘇武別有『答李陵』詩，見古文苑及藝文類聚）。……今本此文之作『子卿雙鳧』，或由少卿聯想及子卿而誤，或由後人妄據古文苑而改（古文苑爲習見書）。且審此詩辭氣，亦與少卿錄別詩八首相類。八首之五有云『雙鳧相背飛』，與此『雙鳧俱北飛』

同爲贈別子卿之句。俱言『雙鳧』，亦正相應。幸初學記引此爲李陵贈蘇武詩，此文『子卿』爲『少卿』之誤，可得而正。又據金王朋壽類林雜說七云：『陵贈武五言詩十六首，其詞曰「二鳧俱北飛，一鳧獨南翔。我獨留斯館，子今還故鄉。一別秦與胡，會見誰何央。幸子當努力，言笑莫相忘。」出臨川王集中。』所據爲臨川王集，則來源甚早。詩中字句，與初學記及古文苑所引雖略有出入，而『二鳧』爲少卿贈子卿詩，則與初學記所引同。初學記、古文苑『子當留斯館，我當歸故鄉』二句，『我』、『子』二字之錯誤，類林雜說所引正可以證其誤。則此詩爲少卿贈子卿之作，可成定論。而詩品此文『子卿』爲『少卿』之誤，亦決無可疑矣。」

李彙注：「案，車師以『子卿』爲『少卿』之誤一說，甚是。除車師辨證者外，今余補證幾條：

1.此仲偉所舉五言警策者，皆爲上、中兩品詩人之作，一無下品或未品及作者之所製，則似不得有特舉未品及之子卿詩之理。

2.不得列入其詩於五言警策之群內者，上品僅有古詩、班姬、及李陵，而古詩則不知作者，班姬則仲偉已云『侏儒一節』，而其詩（團扇短章）別有所評，故略之。李陵則斷無可略而不舉之理。

3.前文已云：『從李都尉迄班婕好，將百年間，有婦人焉，一人而已。』則仲偉不信蘇武詩自明。

4. 文心雕龍亦不及言蘇武，而又江文通所擬三十人之詩中，俱見擬李陵、班婕妤之詩，而惟不及擬蘇武詩者，則不信蘇詩，似爲當時通談。故仲偉亦略而不及焉。

觀以上數條，可得證今本詩品作『子卿』之誤。『少』誤作『子』，則除上文車師所舉之可能性外，又有草書形似而誤之可能。至於其所指之詩，則爲『雙鳧俱北飛』一首，或係『雙鳧相背飛』一首，余不敢斷定謂何。」

案：李陵蘇武詩總雜，不類炎漢之製，然陵詩托辭悽愴，實濫觴於楚辭，王粲、潘岳、張協諸子，並得其一體，故仲偉、彥和、昭明皆重之。至若蘇武，則不得與焉。庾子山哀江南賦云：「李陵之雙鳧永去，蘇武之一雁空飛。」梁人作品，足爲少卿顯證。車王二氏反覆辨證，費辭甚多，而未引此，殊疏。

㉘【注】嵇康字叔夜，見中品。

嵇康贈秀才入軍第十九首起句云：「雙鸞匿景曜」，見丁氏全三國詩卷四。

㉙【注】張華字茂先，見中品。

許講疏：「『寒夕』自係其詩所用之字，必非隱括詩句之意者。此詩殆已佚去，或即以雜詩『繁霜降當夕』當之，恐誤。」案：古箋、陳注皆以「寒夕」指雜詩「繁霜降當夕」。以許說近是。

㉚【注】何晏字平叔，見中品。據丁氏全三國詩，何晏今存擬古、失題各一首，「衣單」詩佚。

㉛【注】王疏證：「案安仁悼亡詩有云：『溽暑隨節闌』倦暑，殆即指此？古直陳延傑並以指在懷縣作，爲其有『隆暑方赫曦』之句也。然『隆暑方赫曦』則不得云倦暑，恐非。」案：悼亡詩見文選卷二十三；在懷縣作見文選卷二十六。又，二詩並存於丁氏全晉詩卷四。

㉜【注】案：張協字景陽，見上品。其雜詩第十有云：「階下伏泉涌，堂上水生衣。洪潦浩方割，人懷昏墊情。」「苦雨」當指此詩。詩見於文選卷二十九，又見丁氏全晉詩卷四。

㉝【注】謝靈運有擬魏太子鄴中集詩八首，見文選卷三十，又見丁氏全宋詩卷三。

㉞【注】案：陸機字士衡，見上品。上品古詩條云：「陸機所擬十四首」（今存十二首，參見古詩條注③），則「士衡擬古」當指此。

㉟【注】案：劉琨字越石，見中品。劉琨重贈盧諶及扶風歌，皆感亂之作。重贈盧諶見於文選卷二十五；扶風歌見於文選二十八。又幷見於丁氏全晉詩卷五。

㊱【注】案：郭璞字景純，見中品。遊仙詩十四首，見丁氏全晉詩卷五，文選卷二十一錄七首。許講疏：「江文通雜詩有王徵君微養疾一首，中云：『清陰往來遠，月華散前墀。』寫風月也。原詩自有此。」

㊲【注】王微字景玄，見中品。案：丁氏全宋詩卷五存王微詩四首，古直箋云：「王微詩今存五首」，未知據何本而言。

許文雨氏據文通雜詩得王微養疾二句，乃斷言：「原詩自有此」，亦未可盡信。今闕疑。且五臣注云：「淸陰，日也。」則此二句非寫風月。

㊳【校】車校證：「案，上文已舉靈運之鄴中詩，則此不得復舉其詩，上下文皆單舉一人，此謝客疑本作『謝朓』。謝朓忝役湘州與宣城吏民別詩甚佳，且其中有『山泉諧所好』之句；直中書省詩尤佳，末有『聊恣山泉賞』之句，可爲本作『謝朓山泉』之證。此作謝客，蓋由後人僅知謝客長於山水詩而意改。」案：陳注、古箋、許講疏、葉集釋各本，皆以靈運爲山水詩開宗，故以「山泉」概其詩，說似未洽。當以車氏之義爲勝。然校之各本皆云「謝客」，未便擅改。

㊴【注】謝混字叔源，見中品。

案：謝混詩今傳遊西池一首，見文選卷二十二及全晉詩卷七，非寫離宴，詩或佚亡。宋版初學記卷十八引謝琨送二王在領軍府集詩曰：「苦哉遠征人，將乖萃余室。明窗通朝暉，絲竹盛蕭瑟。樂酒輟今辰，離端起來日。」（見丁氏全晉詩卷七）或指此歌？

㊵【注】案：鮑照代出自薊北門行，詠戍邊之作，詩見於文選卷二十八，及丁氏全宋詩卷四。

㊶【注】案：左思字太沖，見上品。詠史八首，見文選卷二十一，又見丁氏全晉詩卷四。

㊷【注】案：顏延年有北使洛詩一首，見文選卷二十七，及丁氏全宋詩卷二。

㊸【注】案：陶淵明詠貧士詩七首，又乞食詩皆詠貧之作。詩見丁氏全晉詩卷六。文選卷三十錄詠

貧士一首。

㊹【注】案：謝惠連見中品。文選卷三十及丁氏全宋詩卷三有謝惠連擣衣詩一首。

㊺【校】許講疏本「所」作「此」。學詩津逮本、歷代詩話本、古箋本作「所以」。夷門廣牘本、顧氏文房小說本、說郛本、續百川本、學津討源本、漢魏本、龍威本、螢雪軒本作「所」。當從夷門廣牘本。

㊻【注】案：鄧林，喻文采總萃之處也。山海經海外北經曰：「夸父與日逐走，入日，渴而死，棄其杖，化爲鄧林。」蜀志郤正傳曰：「方今朝士山積，髦俊成群，猶鱗介之潛乎巨海，毛羽之集乎鄧林。」

【校】車校證：「審自『昔曹劉云云』至『閭里已具』，與下品無涉，蓋本爲鍾氏評沈約諸人聲病說，附在沈約評語末。自『陳思贈弟』至『文彩之鄧林』既與『閭里已具』以上無關，亦與下品無涉。疑係上兩品之跋語。因二文相接，遂併爲一，後人不識，誤以爲下品之序耳。」

## 漢令史班固①漢孝廉酈炎②漢上計趙壹③詩

孟堅才流，而老於掌故④。觀其詠史，有感歎之詞⑤。文勝託詠靈芝觀，懷寄不淺⑥。元叔散憤蘭蕙⑦，指斥囊錢⑧，苦言切句，良亦勤矣⑨。斯人也而有斯困，悲夫。

①【注】後漢書卷七十：「班固年九歲能屬文誦詩賦。及長，遂博貫載籍，九流百家之言，無不窮究。顯宗時，除蘭台令史，探撰前記，綴集所聞，以爲漢書。大將軍出征匈奴，以固爲護軍，憲敗，固坐免官，遂死獄中。」

隋志：「後漢大將軍護軍司馬班固集十七卷。」

案：班固字孟堅，扶風安陵人（今陝西咸陽）。生於漢光武建武八年，卒於和帝永元四年（三二—九二），年六十一。善於詞賦，尤以所著漢書爲我國史學巨構。丁氏全漢詩卷二存班固詩二首，文選錄孟堅辭賦贊銘九篇，詩則闕如。漢魏六朝百三家集輯有班蘭臺集一卷。近人鄭鶴聲有班孟堅年譜。

②【注】後漢書卷一百十文苑傳：「酈炎，靈帝時州郡辟命，皆不就。後爲妻家所訟，繫獄死。」

隋志注：「梁有酈炎集二卷，錄一卷。亡。」

案：酈炎，字文勝，范陽人。生於漢桓帝和平元年，卒於靈帝熹平六年（一五〇—一七七），年二十八。丁氏全漢詩卷二存酈炎見志詩二首。

③【注】後漢書卷八十文苑傳：「趙壹，郡舉上計，十辟公府，並不就，終于家。」

隋志注：「梁有上計趙壹集二卷，錄一卷，亡。」

案：趙壹，字元叔，漢陽西縣人（今甘肅伏羌附近）。生卒年均不詳，與酈炎約爲同時。

丁氏全漢詩卷二存趙壹疾邪詩二首，文選不錄。

④【注】案：孟堅博貫典籍，九流百家之言，無不窮究，尤長於史筆，所爲漢書淵茂詳實。

⑤【校】吟窗本「詞」作「辭」，是也。

【注】案：孟堅詠史，頗寄歎言，然失之率直，鍾嶸謂之質木無文，良有以也。

⑥【校】「靈芝」下，各本多衍「觀」字，不辭。全梁文、吟窗雜錄本、螢雪軒本、陳注本、許講疏本、葉集釋本、李彙注本無「觀」字，當從之。

【注】文勝見志詩之二有：「靈芝生河洲，動搖因洪波。」之句，故云。

案：見志二章，調學古詩，深致其志意。陳祚明評曰：「大致古勁，結句質言耳。然固慨深。」

⑦【注】元叔疾邪詩之二有「蘭蕙化爲芻」之句，故云。

⑧【注】元叔疾邪詩之一有「文籍雖滿腹，不如一囊錢」之句，故云。

⑨【注】陳祚明采菽堂古詩選：「忼激之詞，情極坌涌。」

王闓運謂：「趙壹程曉，下開孟郊瘦刻一派。」

案：趙壹恃才倨傲，爲鄉黨所擯，後屢抵罪，幾至死，友人救得免。作疾邪二首以歌其情，氣促辭切，直斥邪僻，比興之旨，丹采之潤，闕矣爽矣。故詩藪外篇云：「趙壹疾邪詩，句格猥凡，漢五言最下者。」

## 魏武帝①魏明帝②詩

曹公古直，甚有悲涼之句③。叡不如丕④，亦稱三祖⑤。

①【注】三國志魏書武帝紀：「太祖武皇帝，沛國譙人也。少機警，有權數，而任俠放蕩，不治行業。後封魏王，文帝進諡曰武皇帝。」

隋志：「魏武帝集二十六卷。」注：「梁三十卷，錄一卷。梁又有武皇帝逸集十卷，亡。魏武帝集新撰十卷。」

漁洋詩話：「下品之魏武，宜在上品。」

案：曹操，字孟德，沛國譙人（今安徽亳縣）。生於漢桓帝永壽元年，崩於獻帝建安二十五年（一五五—二二〇），年六十六。子丕篡漢，尊諡爲武皇帝。孟德鼓舞一代文運，且其子孫多好文學，仲偉並品題之（詳見中品魏文帝條注一）。丁氏全三國詩卷一存曹操樂府詩二十四首，文選錄二首。黃節魏文武明帝詩注三卷（藝文本），最爲通行。漢魏六朝百三家集有魏武帝集一卷，嚴可均全三國文輯存文一百五十篇，江耦編有曹操年表。民國間排印本。

又，曹公慷慨蒼涼，氣質於篇什，迥非翰墨所能拘限者。然當時尚文，質直之采非仲偉所重，昭明太子文選僅錄武帝樂府詩二首，可見一端。故許學夷詩源辨體曰：「蓋鍾嶸兼文質，而後人專氣格也。」

②【注】三國志魏書明帝紀：「明皇帝諱叡，文帝太子也。」

隋志：「魏明帝集七卷。」注：「梁五卷，或九卷，錄一卷。」

案：曹叡，字仲元，生於漢獻帝建安九年，崩於景初三年（二〇四—二三九），年三十六。

丁氏全三國詩卷一存明帝詩十三首，皆樂府之作；文選未錄。黃節有魏文武明帝詩注三卷（藝文本）。

③【注】元稹曰：「曹氏父子鞍馬間爲文，往往橫槊賦詩，故其遒文壯節，抑揚怨哀悲離之作，尤極于古。」

楊愼升庵詩話卷八引敖陶孫語：「魏武帝如幽燕老將，氣韻沈雄。」

陳祚明采菽堂古詩選卷五：「孟德所傳諸篇，雖並屬擬古，然皆以寓己懷來，始而憂貧，繼而憫亂，慨地勢之須擇，思解脫而未能，亹亹之詞，數者而已。本無泛語，根在性情。故其跌宕悲涼，獨臻超越。細揣格調，孟德全是漢音。」

方東樹昭昧詹言卷二：「大約武帝詩沈鬱直樸，氣直而逐層頓斷，不一順平放，時時提筆換氣換勢。」

黃侃詩品講疏：「詳建安五言，毗於樂府，魏武諸作，慷慨蒼涼，所以收束漢音振發魏響。」

藝概卷二：「曹公詩氣雄力堅，足以籠罩一切。建安諸子，未有其匹也。子建則隱有仁義之人，其言藹如之意，鍾嶸詩品不以古道悲涼，加於人倫周孔之上，豈無見乎。」王疏證：「案曹公滿腔霸氣，奔於筆底，慷慨蒼涼，籠罩一世，迥非翰墨之士所能比擬者。其詩固應在上品之列，昔賢已言之。然而『古直』之風，不合於南朝好文之習。如魏文之雖多鄙質，而有美贍可翫之篇；應璩雖爲古語，而有華靡可味之製；陶潛雖歎質直，而有風華清靡之什。故雖降品，猶得居中。若曹公之徒爲『古直』，無丹彩可言，與南朝風尚迥不相謀，此仲偉所以列之於下品者歟？」

④【注】案：今傳叡詩皆樂府。

⑤【注】武帝操太祖，文帝丕高祖，明帝叡烈祖，是謂三祖。

【校】或本（如歷代詩話本、學詩津逮本等）作「二祖」，誤。詩品序言「故三祖之詞，文或不工，而韻入歌唱」，文心樂府篇言「至於魏之三祖，氣爽才麗」，宋書謝靈運傳論言「三祖陳王，咸蓄盛藻」。皆可爲證。

## 魏白馬王彪①魏文學徐幹②詩

白馬與陳思答贈③，偉長與公幹往復④，雖曰以莛叩鐘⑤，亦能閑雅矣。

①【注】三國志魏書卷二十：「武皇帝孫姬生楚王彪，封壽春侯。黃初七年徙封白馬，太和六年改封楚。」

案：曹彪，字朱虎，嘗封於白馬，故世稱白馬王彪。生年不詳，薨於齊王芳嘉平元年（？—二四九）。其詩已亡佚不存。

②【校】徐幹卒於獻帝建安二十二年，時丕尚未篡漢，當作「漢文學徐幹」，稱「魏文學」蓋從俗也，如上品王粲、劉楨即例此。

【注】三國志魏書卷二十一王粲傳：「北海徐幹，爲司空軍謀祭酒掾屬，五官將文學。」王昶誡子書：「北海徐偉長，不沾高名，不求苟得，澹然自守，惟道是務，有所是非，則託古人以見其意。」

隋志：「魏太子文學徐幹集五卷。」注：「梁有錄一卷，亡。」隋志又云：「徐氏中論六卷。」注：「魏太子文學徐幹撰。」

漁洋詩話：「徐幹宜在中品。」許文雨講疏：「案鍾序嘗舉偉長勝語，而品第抑之，與公幹懸隔，殆以上卷無聯品之例，偶因彪植之贈答而數及幹作歟。」案：許說但憑臆測，恐非。典論論文於偉長揄揚有加，其善者足與仲宣相四，惜但長於賦，他文未能稱是。

案：徐幹字偉長，北海人（今山東壽光縣），建安七子之一。生於漢靈帝建寧四年，卒於獻帝建安二十二年（一七一—二一七），年四十七。丁氏全三國詩卷三存徐幹詩三首，文選無錄。徐偉長集六卷見於楊德周彙刻建安七子集（明崇禎間刊本。台灣中華書局影印）。日人中川薰有徐幹傳，見鳥取大學研究報告（一九六四年十二月）。

又，曹丕於建安七子，特鍾偉長，譽之爲不朽（見與吳質書）。典論論文謂：「徐幹時有齊氣，然粲之匹也。」獎譽有加，幷亟稱其人品著作，彬彬君子，可以傳世不朽。文心雕龍則標舉仲宣爲「七子之冠冕」，仲長「賦論標美」而已。文選不錄徐幹詩，詩品以王粲、劉楨爲高，五言非偉長所善，入下品。

③【注】案：陳思贈白馬王彪詩七章幷序具存（或曰六章）。白馬王答詩不見載於丁氏全三國詩。據初學記十八引曹彪答東阿王詩曰：「盤徑難懷抱，停駕與君訣。卽車登北路，永歎尋先轍。」

④【注】劉楨贈徐幹及徐幹答劉公幹詩，詩並存，見丁氏全三國詩卷三。

⑤【注】說苑：「趙襄子謂子路曰吾嘗問孔子曰先生事七十君，無明君乎？孔子不對。何謂賢邪？子路曰建天下之鳴鐘，撞之以莛，豈能發其聲哉。」詩藪外篇云：「以公幹爲巨鐘，而偉長爲小梃，抑揚不已過乎。」漁洋詩話曰：「建安諸子，偉長實勝公幹，而嶸譏其以莛扣鐘，乖反彌甚。」

**魏倉曹屬阮瑀①晉頓丘太守歐陽建②晉文學應璩③晉中書令嵇含④晉河南太守阮侃⑤晉侍中嵇紹⑥晉黃門棗據⑦詩**

元瑜、堅石七君詩，並平典不失古體⑧。大檢似⑨，而二嵇微優矣。

①【注】魏志王粲傳：「陳留阮瑀，太祖以爲司空軍謀祭酒，管記室，徙爲倉曹掾屬。」
隋志：「後漢丞相曹屬阮瑀集五卷。」注：「梁有錄一卷，亡。」
案：阮瑀字元瑜，陳留尉氏人（今河南尉氏縣）。建安七子之一，其子阮籍，入上品。生年不詳，卒於建安十七年（？—二一二）。當作「漢倉曹屬」，仲偉作「魏……」蓋從俗，與王粲、劉楨等同例。丁氏全三國詩卷三存阮瑀詩十二首。漢魏六朝百三家集輯有阮步兵集一卷。曹丕、劉勰以元瑜書記章表翩翩擅美（見典論論文，與吳質書，及文心才略、書記、章表諸篇），獨不及瑀詩。

②【注】晉書三十三：「歐陽建，世爲冀方右族，雅有理思，才藻美贍，擅名北州。歷山陽令尚書郎馮翊太守。臨命作詩，文甚哀楚。」
隋志：「晉頓丘太守歐陽建集二卷。」
案：歐陽建字堅石，冀州人，生年不詳，坐石崇禍，遇害於晉惠帝永康元年（？—三〇〇），年約三十餘。丁氏全晉詩卷四存歐陽建詩二首，文選錄其臨終詩。

③【校】陳注：「晉無應璩，恐是應貞之訛。」
【注】案：應貞字吉甫，（？—二六九），魏侍中應璩之子，有集五卷，傳見晉書卷二十九。丁氏全晉詩卷二及文選皆存貞晉武帝華林園集詩一首。
【校】吟窗雜錄本作「晉文學應瑒」。

古箋：「案：魏志曰：『應瑒爲五官將文學，瑒弟璩官至侍中。』此已誤瑒爲璩。又誤魏爲晉也。」

車校證：「梁文紀本（聿案：明梅鼎祚纂輯）『應璩』正作『應瑒』。……惟作『應瑒』則當稱『魏文學應瑒』，並當列在『晉頓丘太守歐陽建詩』之前。」

案：又證之吟窗雜錄本，當以古氏、車氏說較勝。應瑒卒於建安二十二年，與王粲諸子例同，當作「漢」。

【注】案：應瑒，字德璉，汝南人（今河南汝南），生年不詳，卒於漢獻帝建安二十二年（？—二一七）。爲建安七子之一。今傳應德璉集一卷（見漢魏六朝百三家集）及應德璉集二卷（見建安七子集收，台灣中華書局影明刊本）中，以賦作居要，詩次之。魏文嘗言：「應瑒和而不壯」（典論論文）。傳附於三國志卷二十一王粲傳。丁氏全三國詩卷三存應瑒詩六首，文選錄一。

許講疏：「案：已見中卷，此與阮嵇連類而及。中卷因爲陶潛所師承，故載之。」

案：許說誤，仲偉分品嚴密，無並居二品者。

④

【注】晉書八十九忠義傳：「嵇含，舉秀才，除郎中，轉中書侍郎。劉弘表爲平越中郎將廣州刺史，爲弘司馬掩殺。」

隋志注：「廣州刺史嵇含集十卷，錄一卷，亡。」

古箋：「史不言含爲中書令。隋志亦云：廣州刺史嵇含集。仲偉稱中書令，殆誤也。」案：史書雖未言嵇嘗爲中書令，然亦不足以證仲偉必誤。當待考。

案：嵇含，字君道，譙國銍人（今安徽宿縣西），爲中品嵇康之從叔。生於魏常道鄉公景元四年，卒於晉惠帝光熙元年（二六三—三〇六），年四十四。丁氏全晉詩卷四存嵇含詩二首。

⑤【校】廣韻、集韻、玉篇，並以「偘」同「侃」。古直箋本、葉集釋本、即作「阮侃」。又，「河南太守」疑爲「河內太守」之誤。李徽注：「案：今不見侃爲河南太守之古記錄。諸注家並引丁仲祜全三國詩卷四阮德如條所引陳留志名『仕至河內太守』之言而不疑之，則恐諸氏皆以爲河內太守與河南太守爲同一者歟。然今觀晉書地理志，有河南郡，又有河內郡，更有南陽國，而各所管之地不同。此『河南』疑爲『河內』之誤。不然侃又歷河南太守，未可知也。陳注本正作『河內太守』，不知其所據何本；杜注則殆依陳注而作『河內』歟。」

【注】宋書卷廿九符瑞志下：「晉武帝太康二年六月丁卯，白雀二見，河內南陽太守阮偘獲以獻。」世說新語賢媛注引陳留志曰：「阮共，字伯彥。少子侃，字德如。有俊才，而飭以名理，風儀雅潤，與嵇康爲友。仕至河內太守。」

隋志注：「梁有阮侃集五卷，錄一卷，亡。」

案：阮侃，字德如，尉氏人（今河南尉氏縣），生卒年俱不詳，約與嵇康同時。丁氏全三國詩卷四存阮侃答嵇康詩二首。

⑥【注】晉書八十九忠義傳：「嵇紹，魏中散大夫康之子，趙王倫篡位，署爲侍中。永興初，河間王顒，成都王穎舉兵，紹從帝戰於蕩陰，以身捍衛，被害於帝側。」

隋志：「晉侍中嵇紹集二卷。」注：「錄一卷。」

案：嵇紹，字延祖，譙國銍人（今安徽宿縣西）。生於魏齊王芳嘉平五年，遇害於晉惠帝永興元年（二五三—三〇四），年五十二。丁氏全晉詩卷四存嵇紹贈石季倫詩一首。

⑦【校】吟窗雜錄本脫「晉黃門棗據」五字。

【注】晉書九十二文苑傳：「棗據，本姓棘，其先避仇改焉。美容貌，善文辭。賈充伐吳，請爲從事中郎，徙黃門侍郎，太子中庶子。太康中卒。所著詩賦論四十五首，遇亂多亡失。」

隋志注：「梁又有太子中庶子棗據集二卷，錄一卷，亡。」

案：棗據，字道彥，潁川長社人（今河南葛縣），生年不詳，約卒於晉武帝太康中，年五十餘。丁氏全晉詩卷二存棗據詩四首，文選錄其雜詩一首。

⑧【注】案：應瑒阮瑀託驥魏文，或長賦篇，或擅書表，五言吟詠，非其所專，餘五子大抵處元康永嘉之世，染乎世情，故「詩皆平典」（詩品序語），近於古體，與陸機新聲不類。故許文雨文論講疏卽云：「此評七君詩爲『古體』，蓋對張華陸機等之新體而言。大抵在晉初，

二派詩之勢力足以抗衡；及江左則張陸派佔優勢矣。」

⑨【校】車校證：「陳延傑云：『余藏（原本「藏」下有「有」字）明鈔本詩品「大檢似」，作「大抵相似」。』疑意改。以求文意易明矣。」案：車校所據，係陳注訂補版，原「開明版」「大檢似」下無此注。吟窗雜錄本「大檢似」即作「大抵相似」，或卽陳注所據。

【注】三國志卷五十二吳書步騭傳：「此五君者，雖德實有差，輕重不同。至若趨舍，大檢不犯四者，俱一揆也。」

**晉中書張載①晉司隸傅玄②晉太僕傅咸③晉侍中繆襲④晉散騎常侍夏侯湛⑤詩**

孟陽詩乃遠慙厥弟⑥，而近超兩傅⑦。長虞父子，繁富可嘉⑧。孝沖雖曰後進，見重安仁⑨。熙伯挽歌，唯以造哀爾⑩。

①【校】李㑺注「晉中書」作「晉領著作」，云：「案，學津討源本、夷門廣牘本、張氏標點本、古箋本、陳注本、許釋本、葉集釋本、車校本、杜注本、汪注本、立命館本，『領著作』並作『中書』，然今觀晉書張載傳云：『長沙王請爲記室督，拜中書郎，復領著作。』則此作『領著作』，亦不能斷爲之誤。」案：今傳各本並作「晉中書」，未見作「晉領著作」者，除李氏所舉學津討源本等外，尙

可證諸：顧氏文房小說本、陳學士吟窗雜錄本、續百川學海本、說郛本、說海彙編本、螢雪軒本、詩觸本、漢魏叢書本、龍威秘書本等。未審李氏所據板本爲何？註二、註三同此。

【注】晉書五十五：「張載，性閑雅，博學有文章。長沙王乂請爲記室督，拜中書侍郎，復領著作。載見世方亂，無復進仕意，遂稱疾篤造歸，卒於家。」

隋志：「晉中書郎張載集七卷。」注：「梁一本二卷，錄一卷。」

案：張載，字孟陽，安平人（今河北安平縣）。與弟協（見上品）、亢齊名，號曰「三張」。生卒年俱不詳，約與傅玄同時。丁氏全晉詩卷四存張載詩十五首，文選錄其三。張孟陽集一卷，見漢魏六朝百三家集。

②

【校】李彙注「晉司隸傅玄」作「晉司隸校尉傅元」，云：「案，夷門廣牘本、古箋本、陳注本、許釋本、葉集釋本、杜注本、車校本、汪注本、立命館疏本，『司隸』下並無『校尉』二字，又『元』並作『玄』。『司隸』，『司隸校尉』之省稱；『玄』作『元』，避清聖祖諱也。」案：參閱注一案語。

【注】晉書四十七：「傅玄，博學善屬文，解鍾律，性剛勁亮直，不能容人之短。州舉秀才，累遷至司隸校尉。少時避難于河南，專心誦學，後雖顯貴，而著述不廢。撰論經國九流及三史故事，名爲傅子，數十萬言，幷文集百餘卷行于世。」

隋志：「晉司隸校尉傅玄集十五卷。」注：「梁五十卷，錄一卷，亡。」又云：「傅子百二十卷。」注：「晉司隸校尉傅玄撰。」

案：傅玄，字休弈，北地泥陽人（今陝西耀縣）。生於漢獻帝建安二十二年，卒於晉武帝咸寧四年（二一七—二七八），年六十二。子咸，見注六。丁氏全晉詩卷二存傅玄詩六十三首，文選錄其雜詩一首。傅鶉觚集一卷，見張溥漢魏百三家集。

③【校】李彙注「晉太僕」作「晉司隸」，云：「案，夷門廣牘本、古箋本、陳注本、許釋本、葉集釋本、杜注本、車校本、立命館疏本、汪注本，『司隸』並作『太僕』。然史不言咸為太僕，當作司隸為是。學津討源本、張氏標點本，亦正作司隸。」案：參閱注一案語。李氏言學津討源本作「晉司隸傅咸」，誤；藝文書局百部叢刊學津討源本（清嘉慶虞山張氏曠照閣刋本）正作「晉太僕傅咸」。

【注】晉書四十七：「咸，剛簡有大節，風格峻整，識性明悟，疾惡如仇。好屬文論，雖綺麗不足而言成規鑒。拜太子洗馬，累遷至司隸校尉。」

隋志：「晉司隸校尉傅咸集十七卷。」注：「梁三十卷，錄一卷。」

案：傅咸，字長虞，傅玄之子。生於魏明帝景初三年，卒於晉惠帝元康四年，年五十六。丁氏全晉詩卷二存傅咸詩二十一首，文選錄其贈何劭王濟詩一首。漢魏六朝百三家集有傅中丞集一卷。

④【校】顧氏文房小說本、說郛本、擇是居本、漢魏本、詩觸本、說海彙編本、龍威秘書本、學詩

津逮本，並挩「晉」字。下「散騎常侍夏侯湛」條亦同。

又，繆襲終於魏，未入晉世，故當云：「魏侍中」。吟窗雜錄本及隋志正作「魏侍中」。

【注】三國志卷二十一魏書劉劭傳：「東海繆襲亦有才學，官至尚書光祿勳。」注引文章志：「襲字熙伯，歷事魏四世，正始六年卒。」世說新語文學篇注引文章敍錄：「繆襲，累遷侍中光祿勳。」

隋志：「魏散騎常侍繆襲集五卷。」注：「梁有錄一卷。」

案：繆襲，東海蘭陵人（今江蘇武進），生於漢靈帝中平三年，卒於魏齊王芳正始六年（一八六—二四五），年六十。丁氏全三國詩卷三存繆襲詩十三首，文選錄其挽歌一首。

⑤【注】晉書五十五：「夏侯湛，文章宏富，善構新詞。美容觀，而與潘岳友善。惠帝即位，以爲散騎常侍。著論三十餘篇，別爲一家之言。」文士傳：「湛有盛才，文章巧思，善補雅詞，名亞潘岳。」

隋志：「晉散騎常侍夏侯湛集十卷。」注：「梁有錄一卷。」

案：夏侯湛，字孝若，譙國譙人（今安徽亳縣）。生於魏齊王芳正始四年，卒於晉惠帝元康元年（二四三—二九一），年四十九。丁氏全晉詩卷四存夏侯湛詩六首。夏侯常侍集一卷見於漢魏六朝百三家集。

⑥【注】文心才略：「孟陽景陽，才綺而相埒，可謂魯衞之政，兄弟之文也。」

許學夷詩源辨體：「張孟陽氣格不及太沖，詞彩遠慚厥弟，太康諸子，載獨居下。」

案：孟陽情采平美，未若景陽調達美贍。

⑦【注】案：傅玄好為擬古，樂府歌辭往往襲其形貌，若艷歌行無異陌上桑，美女篇全是李延年歌。傅咸雖綺麗不足，而言成規鑒，然好集諸經群言，如孝經詩、毛詩詩、論語詩皆仲偉所譏「平典似道德論」者。

⑧【注】案：此譽二傅詩文思才性兼富也，上品贊靈運即云：「……嶸謂若人興多才高，寓目輒書，內無乏思，外無遺物，其繁富宜哉。」又晉書傅玄傳：「玄著述不廢，撰傅子，為內外中篇，凡有四部六錄，合百四十首，數十萬言，並文集百餘卷。」隋志：「傅咸集十七卷，梁三十卷，錄一卷。」長虞父子詩作今亦傳八十餘首，亦可謂富矣。

⑨【校】古箋：「案：晉書曰湛弟淳，字孝沖。此誤以弟字為兄字。」案：夏侯湛字孝若，「孝沖」應改為「孝若」。

【注】世說文學篇：「夏侯湛作周詩。成，示潘安仁。安仁曰：此非徒溫雅，乃別見孝弟之性。潘因此遂作家風詩。」（案：晉書本傳所載亦同）文心時序：「岳湛曜聯璧之華。」

⑩【注】案：熙伯挽歌見文選卷廿八。何義門讀書記：「繆熙伯挽歌詩，詞極峭促，亦淡以悲。」

## 晉驃騎王濟①晉征南將軍杜預②晉廷尉孫綽③晉徵士許詢④詩

永嘉以來，清虛在俗，王武子輩詩，貴道家之言⑤。爰洎江表，玄風尚備，眞長⑥、仲祖⑦、桓⑧、庾⑨諸公猶相襲⑩。世稱孫、許彌善恬淡之詞⑪。

①【注】晉書四十二：「王濟，少有逸才，風姿英爽，善易及莊老，文詞秀茂。伎藝過人，有名當世。累遷侍中，追贈驃騎將軍。」

隋志注：「梁有晉驃騎將軍王濟集二卷，亡。」

案：王濟，字武子，太原晉陽人。生年不詳，約卒於晉惠帝永熙元年，年四十六。丁氏全晉詩卷三存王濟詩一首。

②【注】晉書卷三十四：「杜預，博學多通，明於興廢之道。拜鎭南大將軍，卒，追贈征南大將軍，諡曰成。」

隋志：「晉征南大將軍杜預集十八卷。」

案：杜預，字元凱，京兆杜陵人（今陝西長安）。生於魏文帝黃初三年，卒於晉武帝太康五年（二二二—二八四），年六十三。杜預善解左傳，爲春秋左氏經傳集解等作。其詩作不見收於丁氏全晉詩及文選。漢魏六朝百三家集有杜征南集一卷，亦無詩作。

③【注】晉書五十六：「綽，博學善屬文，少與高陽許詢俱有高尚之志。或愛詢高邁，則鄙於綽；或愛綽才藻，而無取於詢。仕至廷尉，領著作。」

隋志：「晉衞尉卿孫綽集十五卷。」注：「梁二十五卷。」

案：孫綽，字興公，亦稱孫常樂，太原中都人（今山西平遙）。生卒年均不詳，約自晉惠帝永寧中，至孝武帝太元間，年五十八歲。綽善於文，好評騭，言語雋妙，世說新語記其言甚多。丁氏全晉詩卷五存孫綽詩十一首。漢魏六朝百三家集有孫廷尉集一卷。其祖孫楚見中品。

④【注】世說新語言語篇注引續晉陽秋：「許詢，司徒掾辟，不就。蚤卒。」文選江淹擬許徵君自序詩注引晉中興書曰：「高陽許詢，有才藻，善屬文，時人皆欽愛之。」

隋志：「晉徵士許詢集三卷。」注：「梁八卷，錄一卷。」

案：許詢，字玄度，高陽人。生卒年均不詳，與孫綽具名於當世。丁氏全晉詩卷五僅存許詢詩一首。

⑤【注】永嘉，晉懷帝年號，約當西元三〇七—三一二。

詩品序：「永嘉時貴黃老，稍尚虛談。于時篇什，理過其辭，淡乎寡味。」

李彙注：「案：此段題有杜預之名，而不見明指其人之評文，則其云王武子輩，亦包括杜預之言也。又王濟杜預，並卒於永嘉以前，而此云永嘉以來，則可知古人著書，不甚嚴其細微之處。」

案：元凱詩今不傳，武子詩僅存四言一首。然杜善左氏傳，王好易及莊老，復以時尚虛談，鍾氏所評，殆亦可信。

⑥【注】晉書七十五：「劉惔字眞長，沛國相人也。以惔雅善言理，簡文帝初作相，與王濛並爲談客，俱蒙上賓禮。尤好莊老，任自然趣。」

⑦【注】晉書九十三：「王濛字仲祖，哀靖皇后父也。與沛國劉惔齊名，友善。惔常稱濛性至通，而自然有節，凡稱風流者，舉濛惔爲宗焉。及簡文帝輔政，益貴幸之，與劉惔號爲入室之賓。」

⑧【注】晉書卷九十八叛逆傳：「桓溫，與沛國劉惔善。」晉書卷九十三引孫綽語：「桓溫高爽邁出。」

案：桓溫，字元子。生於晉懷帝永嘉六年，卒於晉孝武帝寧康元年（三一二—三七三），年六十二。丁氏全晉詩卷五存其八陣圖詩一首。

⑨【注】晉書卷七十三庾亮傳：「庾亮，美姿容，善談論，性好莊老，風格峻整。」

案：庾亮，字元規，鄢陵人。生於晉武帝太康十年，卒於晉成帝咸康六年（二八九—三四○），年五十二。亮詩今已不傳。

⑩【校】吟窗雜錄本「相」下有「祖」字，與陳延傑藏明鈔本同。車校證補云：「據晉書及世說新語，濛、惔二人，齊名友善，又與桓、庾諸人同時，則此諸人不至於相祖襲，明矣。……中品應璩之祖襲魏文，下品謝超宗諸人之祖襲顏延，其例與此迥異。」案，車說是，當從

之。

【注】詩品序：「爰及江表，微波尚傳。孫綽許詢桓庾諸公，詩皆平典似道德論。」文心時序篇：「自中朝貴玄，江左稱盛。因談餘氣，流成文體。是以世極迍邅，而辭意夷泰。詩必柱下之旨歸，賦乃漆園之義疏。」

⑪【注】案：「恬淡」係指莊老之恬淡寂寞，虛無無爲。

晉書五十六：「綽少與高陽許詢俱有高尚之志，一時名流，或愛詢高邁，則鄙於綽；或愛綽才藻，而無取於詢。沙門支遁試問綽：『君何如許？』答曰：『高情遠致，弟子早已伏膺，然一詠一吟，許將北面矣。』」

世說新語文學篇注引續晉陽秋曰：「至過江佛理尤盛……詢及太原孫綽，轉相祖尚，又加以三世之辭，而詩騷之體盡矣。詢綽並爲一時文宗。

蕭子顯南齊書文學傳論：「江左風味，盛道家之言……許詢極其名理。」

文心注引黃侃詩品講疏：「若孫許之詩，但陳要妙，情既離乎比興，體有近於偈語，徒以風會所趨，仿效日衆。」

## 晉徵士戴逵①晉東陽太守殷仲文②詩

晉宋之際，殆無詩乎③。義熙中，以謝益壽④殷仲文爲華綺之冠⑤，殷不競矣⑥。⑦

①【校】當補評戴逵詩卅字，獨立一則，見附注甲。

②【注】晉書九十九：「殷仲文少有才藻，美容貌。桓玄姊仲文之妻。玄九錫，仲文之辭也。帝反正，抗表自辭。仲文素有名望，自謂必當朝政，又謝混之徒，疇昔所輕者，並皆比肩，常怏怏不得志。忽遷爲東陽太守，意彌不平。義熙三年，以謀反伏誅。謝靈運嘗云：若殷仲文讀書半袁豹，則文才不減班固。言其文多而見書少也。」（又世說言語篇注引續晉陽秋，亦載仲文生平。）

隋志：「晉東陽太守殷仲文集七卷。」注：「梁五卷。」

案：殷仲文，陳郡人。生年不詳，誅於晉安帝義熙三年（？—四〇七）。丁氏全晉詩卷七存殷仲文詩二首，文選錄其一。

③【注】詩品序：「爰及江表，微波尙傳，孫綽、許詢、桓、庾諸公，詩皆平典似道德論，建安風力盡矣。」

文心明詩篇：「江左篇製，溺乎玄風，嗤笑徇務之志，崇盛亡機之談。」

④【注】義熙，晉安帝年號，約當西元四〇五—四一八。

謝混字叔源，小字益壽，見中品。

⑤【注】宋書謝靈運傳論：「仲文始革孫許之風，叔源大變太元之氣。」文心才略：「殷仲文之孤

興，謝叔源之閒情。」案：孫許玄言，平典乏采，殷謝振之以閒情孤興，斐然有作，仲偉故云。

⑥【注】許講疏：「仲偉序中乃云：『義熙中，謝益壽斐然繼作。』而不及殷仲文，此即謂殷不競之意也。」

⑦【校】李集注：「案，此段題有戴逵之名，而不見其評文。故訂補本陳注，據其所藏明鈔本詩品，及吟窗雜錄，『晉宋之際』上，補戴逵評文三十字，而注云：『按原評無戴逵語，自是有脫文。余所藏明鈔本詩品，載晉徵士戴逵詩評，信可珍也。曩閱黃丕烈士禮居藏書題跋記再續引吟窗雜錄，補戴逵所品語脫文，與明鈔本所載全同，唯『上』作『工』，『譽』作『彥』（編者按：黃丕烈藏明正德退翁書院藍格鈔本詩品原跋作『譽』不作『彥』），與此爲異。此亦一證也。亟補錄之，以俟知者。』又許釋、葉集釋、王疏、車校補等，或據對雨樓叢書本，或據吟窗雜錄本，而另設一戴逵條，且補其評文。如：王疏云：『案，評語中不涉戴逵，則『晉徵士戴逵』後，當脫有評語。對雨樓本跋文稱陳學士吟窗雜錄本有評語：『安道詩，雖嫩弱，有清工之句；裁長補短，袁彥伯之亞乎。逵子顒，亦有一時之譽。』三十字。『晉東洋太守殷仲文』後所品之人，復有『晉謝混』三字。爲各本所無，最爲可貴。然是否詩品之舊，不能無疑。審『安道詩』云云三十字，差與仲偉之言相近；至於『晉謝混』三字，則不當有。蓋仲偉明謂義熙中，雖以謝、殷爲華綺之冠，而殷實非

謝比。」正見其列謝於中品，降殷於下品之由，而淺人徒見評語中以謝、殷連稱，以爲所品之人，亦當以謝、殷並舉。遂於『晉東陽太守殷仲文』後，妄增『晉謝混』三字，可笑甚矣。至於『晉謝混』，乃『宋謝混』之譌。山堂考索引『晉東陽太守殷仲文』下，已有『宋謝混』三字，則此文之竄亂，由來久矣。」車校補則云：「案，環嘗於校證，據擇是居叢書及對雨樓叢書所收影明退翁書院手鈔本黃蕘圃跋作校語云：『戴逵與殷仲文疑本分別品題，今本因戴逵評語挩去，乃誤併爲一條。』今檢雜錄本，果然『晉徵士戴逵』與『晉東陽太守，晉謝混』分別品題。『晉謝混』三字之不當有，亦詳校證。雜錄本戴逵詩評語有『安道詩，雖嫩弱，有清上之句。裁長補短，袁彥伯之亞乎。逵子顒，亦有一時之譽。』三十字，與黃跋校語所引同（但『上』乃『工』之形譌）。殷仲文詩評語，自『晉宋之際』始。』今觀所補之戴逵評文，似可信其眞。故附之於後，又加略注，以資參考。又許釋本據對雨樓叢書本，而此段題『晉東陽太守殷仲文』上，加『晉謝混』三字。然疑非仲偉本文，王、車二師辨之已詳矣。」

附

## 晉徵士戴逵(甲)詩

安道詩雖嫩弱，有清工之句(乙)。裁長補短，袁彥伯之亞乎(丙)。逵子顒，亦有一時之譽(丁)。

甲【校】據陳學士吟窗雜錄補「安道詩……一時之譽」三十字。當在「晉東陽太守殷仲文詩」前獨立一條，與「殷仲文詩」分別品題。

【注】晉書卷九十四隱逸傳：「戴逵，武陵王晞聞其善鼓琴，使人召之，逵對使者破琴曰：戴安道不爲王門伶人。後徙居會稽之剡縣。性高絜，常以禮度自處，深以放達爲非。累徵不就，病卒。」

隋志：「晉徵士戴逵集九卷。」注：「殘缺，梁十卷，錄一卷。」

案：戴逵，字安道，譙國銍人（今安徽宿縣西南）。生年不詳，卒於晉孝武帝太元二十一年（？—三九六）。逵詩今已不傳，丁氏全晉詩亦不錄。

乙【校】「清工」，吟窗雜錄作「清上」，黃丕烈士禮居藏書題跋記作「清工」，疑「上」係「工」之形譌。

【注】案：逵詩佚亡，風格不可考。

丙【注】案：彥伯，袁宏字。宏見中品。

許講疏：「按彥伯泛渚遊吟，脫去凡俗；安道不爲王門伶人，可稱放達。仲偉以戴擬袁，亦有是意歟。」

丁【注】案：顒字仲若，隱遯有高名。傳見宋書及南史隱逸傳。

## 宋尚書令傅亮①詩

季友文，余常忽而不察。今沈特進撰詩②，載其數首③，亦復平矣④。

①

【校】許講疏本捝「令」字。

【注】宋書四十三：「傅亮，博涉經史，尤善文詞。高祖受命，表冊文誥皆亮辭也。少帝卽位，進爲中書監尚書令。元嘉三年伏誅。」（傳又見南史卷十五）。

隋志：「宋尚書令傅亮集三十一卷。梁二十卷，錄一卷。」

案：傅亮，字季友，北地靈州人。生於晉孝武帝康靈二年，卒於宋文帝元嘉三年（三七四—四二六），年五十三。丁氏全宋詩卷五存傅亮詩四首，文選錄其表、及敎文數篇，然不及於詩。漢魏百三家集有傅光祿集一卷。

②

【注】沈約仕梁官光祿侍中少傅，加特進。

案：沈書不詳。古直以爲「隋志有沈約撰集鈔十卷，或卽此書。」李徽敎以爲「梁書沈約傳有宋文章志三十卷，或指此。」以上二說皆無確證，存疑。

③

【校】說郛本、漢魏叢書本、詩觸本、歷代詩話本、螢雪軒本、龍威秘書本、續百川學海本、作「數百」，形近而誤。

④

【校】夷門廣牘本、顧氏文房小說本、說郛本、續百川學海本、學津討源本、詩觸本、漢魏叢書本、吟窗雜錄本、螢雪軒本、歷代詩話本、古箋本、陳注本、許講疏本、李彙注本，作「平美」。車校證本作「平平」，云：「平美乃褒辭，於此不協。『平』字疑當疊。『亦復平平矣』，意謂無足稱美也，乃貶辭。古人遇疊字，僅作『〻』畫以記之，往往誤挩，此其例。」

【注】案：今存亮詩四首，其中四言二首，五言「多至」詩殘缺不全，僅得四句；完整者只「奉迎大駕道路賦詩」一首，不足以窺其全貌。然以「奉」詩觀之，平淨無華矣。

## 宋記室何長瑜羊曜璠①宋詹事范曄②詩

（蔚宗詩）③乃不稱其才，亦爲鮮舉矣④。⑤

①【注】當補評宋記室何長瑜、羊曜璠詩廿二字，獨立一則，見附注甲及乙。

②【注】宋書六十九：「范曄，少好學，博涉經史，善爲文章，曉音律。元嘉元年，左遷宣城太守，不得志，乃刪衆家後漢書爲一家之作。尋遷左衞將軍太子詹事。」（傳又見南史卷三十三）。

隋志注：「梁有范曄集十五卷，錄一卷。」又云：「後漢書九十七卷。」注：「太子詹事范曄撰。」

案：范曄，字蔚宗，順陽山陰人（今河南淅川）。生於晉安帝隆安二年，卒於宋文帝元嘉二十二年（三九八—四四五），年四十八。丁氏全宋詩卷五存范曄詩二首，文選錄其樂遊應詔詩一首。民國張述祖編有范蔚宗年譜，見史學年報三卷二期（民二十九年燕京大學編印，台北學生書局影印。）

③【校】「蔚宗詩」二字，今傳諸本並缺，獨吟窗雜錄本存之，極爲可貴。車校證補及立命館疏本、李彙注本亦據吟窗本補「蔚宗詩」三字。「蔚宗詩……鮮舉矣」計十三字，爲獨評范曄者，與何長瑜、羊曜璠無涉。參看注五。

又，車校證本原補「三君詩」三字，以吻合通行各本標題「何長瑜、羊曜璠、范曄」三子並舉之情形，此係以意改，後車氏得覩吟窗雜錄本，校證補本乃改從吟窗本，補「蔚宗詩」三字。

④【注】古箋：「案，鮮舉，當爲軒舉，形近音近而譌也。世說容止篇曰：『林公道王長史斂衿作一來，何其軒軒韶舉。』」

案：蔚宗才高，長於史筆，然其詩「樂遊應詔」平緩無奇，不稱其才矣。古箋以「鮮舉」當爲「軒舉」，譽美之辭，恐非是。

⑤【校】李彙注：「案，此段評文『乃』字上，似有脫文。若無所補，則不成辭句。故車校補、立命館疏，乃據吟窗雜錄本，而補其脫文。如車校補云：『案，雜錄本「宋記室何長瑜、羊曜璠」與「宋詹事范曄」分別品題，與通行本迥異，極爲可貴者。何、羊詩評語有「才難，信矣。以康樂與羊、何若此；而二人文辭，殆不足奇」二十一字。范曄詩評語有「蔚宗詩，

乃不稱其才，亦爲鮮舉矣。」十三字。當從之。陳延傑於其改訂注本，據其所藏明鈔本，補「才難，信矣。以康樂與羊、何若此，而□人之辭，殆不足奇」二十字。……惟雜錄何、羊詩評語「二人文辭」，陳氏明鈔本「文」作「之」，疑明鈔本亦作「文」，陳氏誤之耳。……范詩評語「乃不稱其才」上多「蔚宗詩」三字。』此所補之文，似可信其眞。」

案：此說近是。今據陳學士吟窗雜錄、李彙注、車校證補於「乃不稱其才」上增「蔚宗詩」三字。又將「才難……不足奇」二十一字附於後，爲品題何、羊者，與戴逵條同例。

# 附

## 宋記室何長瑜(甲)羊曜璠(乙)詩

才難，信矣。以康樂與羊、何若此，而二人文辭，殆不足奇(丙)。(丁)

甲【注】宋書六十七謝靈運傳：「靈運與族弟惠連，東海何長瑜，潁川荀雍，太山羊璿之，以文章賞會，共爲山澤之游，時人謂之四友。長瑜文才之美，亞於惠連，雍、璿之不及也。臨川王義慶招集文士，長瑜自國侍郎至平西記室參軍。廬陵王紹鎭尋陽，以長瑜爲南中郎，行參軍掌記之任，行至板橋，遇暴風，溺死。」

隋志注：「梁有平南將軍何長瑜集八卷，亡。」

案：何長瑜，字不詳，東海人（今江蘇灌雲）。生年亦不詳，約卒於宋文帝元嘉二十二年

（？—四四五）。丁氏全宋詩卷五存何長瑜詩二首。

乙【校】車校證：「案，據詩品標題例，又考宋書謝靈運傳，曜璠曾爲臨川內史，則『羊曜璠』上當有『宋內史』三字。蓋誤挩也。又據宋書，『曜璠』乃『羊璿之』字。詩品標題稱字者，尙有殷仲文、王文憲。王爲鍾氏之師，不得不稱字。羊、殷二人稱字，與其他稱名不一律，未知鍾氏有無微旨，或後人有所改易，今不敢遽斷。」

【注】宋書六十七謝靈運傳：「（羊）璿之字曜璠。臨川內史。爲司空竟陵王誕所遇，誕敗，坐誅。」

案：羊曜璠，名璿之。太山人。生年不詳，誅於宋孝武帝大明三年（？—四五九）。曜璠詩作不傳，隋志、文選及丁氏全宋詩皆付諸闕如。

丙【注】案：靈運爲元嘉之雄，領袖當代，奇章秀句，絡繹奔會，何羊文辭，殆不足相抗。

丁【校】「才難……殆不足奇」共二十一字，今傳各本並無，獨陳學士吟窗雜錄題曰：「宋記室何長瑜、羊曜璠」，置於「宋詹事范曄」之前，當從之，立命館疏本即如是。陳注補訂本據所藏明鈔本於「宋記室何長瑜羊曜璠宋詹事范曄」之下，「乃不稱其才」之上亦增此二十一字。

## 宋孝武帝①宋南平王鑠②宋建平王宏③詩

孝武詩彫文織綵④，過爲精密⑤，爲二藩希慕，見稱輕巧矣⑥。

①【注】宋書卷六孝武帝紀：「世祖孝武皇帝諱駿，字休龍，小字道民。文帝第三子也。」（又南史卷二有孝武帝紀）。

隋志：「宋孝武集二十五卷。」注：「梁三十一卷，錄一卷。」

案：宋孝武帝，彭城縣綏里人（今江蘇銅山）。生於宋文帝元嘉七年，崩於大明八年（四三〇—四六四），年三十五。丁氏全宋詩卷一存孝武帝詩二十五首。

②【注】南史卷十四宋宗室及諸王傳：「南平穆王鑠，字休玄，文帝第四子。年九歲，封南平王。少好學，有文才，未弱冠，擬古三十餘首，時人以爲亞迹陸機。爲人負才狡競，每與兄弟計度藝能，又與帝不能和，食中遇毒。」（又見宋書七十二文九王傳）。

隋志：「宋南平王鑠集五卷。」

案：南平王劉鑠，生於宋文帝元嘉八年，薨於元嘉三十年（四三一—四五三），年二十三。丁氏全宋詩卷一存南平王鑠詩十首，文選錄其擬古詩二首。

③【注】宋書七十二文九王傳：「建平宣簡王宏，字休度，文帝第七子也。元嘉二十一年封建平王。少而閑素，篤好文籍，太祖寵愛殊常。」（又見南史卷十四宋宗室及諸王傳）。

案：建平王劉宏，生於宋文帝元嘉十一年，薨於孝武帝大明二年（四三四—四五八），年二十五。建平王詩今不傳，丁氏全宋詩未收。

④【校】吟窗雜錄本、擇是居本、對雨樓叢書本、漢魏叢書本、說郛本、歷代詩話本、陳注本、杜注本、立命館疏本、李彙注本，作「雕」。「彫」、「雕」通。

【注】文心時序篇：「孝武多才，英采雲構。」蓋亦仲偉彫文織綵之意。其詩如：「屯煙擾風穴，積水溺雲根」，「層峯互天維，曠渚綿地絡」，皆雕織精密也。

⑤【注】案：「精密」，貶詞也。仲偉詩觀以自然中正爲高，故詩品序云：「三賢（案：指王融、謝朓、沈約之徒創音律之戒）或貴公子孫，幼有文辯，于是士流景慕，務爲精密。襞積細微，專相陵架，故使文多拘忌，傷其眞美。」

⑥【校】對雨樓叢書本、擇是居叢書本作「二潘」，形近而誤也。

【注】案：二藩指南平王鑠及建平王宏。宏詩不傳。古箋：「鑠詩以擬古爲佳，似學士衡，不出孝武也。南史曰『休玄少好學，有文才，擬古三十餘首，時人以爲亞迹陸機。』金樓子：『劉休玄擬古詩，時人謂陸士衡之流，余謂勝乎士衡。』休玄擬古，今存四首。」

## 宋光祿謝莊①詩

希逸詩氣候②清雅，不逮於王、袁③。然興屬閑長，良無鄙促也④。

①【注】宋書卷八十五：「謝莊，年七歲能屬文。南平王鑠獻赤鸚鵡，普詔群臣爲賦。太子左衞率

袁淑文冠當時，作賦畢，齎以示莊，莊賦亦竟。淑見而歎曰：『江東無我，卿當獨步。我若無卿，亦一時之傑也。』遂隱其賦。太宗卽位，以莊爲散騎常侍光祿大夫，追贈右光祿大夫。所著文章四百餘首，行於世。女爲順帝皇后。」（傳又見南史卷二十）。

隋志：「宋金紫光祿大夫謝莊集十九卷。」注：「梁十五卷。」

案：謝莊，字希逸，陳郡陽夏人（今河南太康附近）。爲靈運從子，生於宋武帝永初二年，卒於明帝泰始二年（四二一—四六六），年四十六。丁氏全宋詩卷二存謝莊詩十六首，漢魏百三家集有謝光祿集一卷。

王士禎漁洋詩話曰：「謝莊宜在中品。」案：仲偉序言嘗譏謝莊嚴律呂、好用事，傷其眞美，故置之下品。又文選亦不取希逸詩。

②【注】李彙注引立命館疏：「氣候者，以指詩性之雰圍氣而言者也。舉其用例，則如歷代名畫記卷八，評張孝師畫而云：『氣候幽默。』又古畫品錄張墨、荀勗條云：『風範氣候，極妙參神。』等，其實習見於畫論者也。以此推之，則氣候者，近乎『氣韻』之意，而用之於人物論、畫論等之專門語也。」（意譯）

③【校】顧氏文房小說本作「□袁」，蓋壞字也。夷門廣牘本、津逮本、學津討源本、許講疏本、古箋本、汪注本、車校證本、立命館疏本，並作「王、袁」；說郛本、漢魏本、歷代詩話本、古今圖書集成本、詩觸本、續百川學海本、五朝小說本、龍威秘書本、螢雪軒本、陳

注本、葉集釋本、李徽注本，並作「范、袁」。

許講疏：「按仲偉前以王微、袁淑列於同品，江文通雜體詩亦以王徵君微養疾袁太尉淑從駕謝光祿莊郊遊稱相連次，知王袁卽微淑二人也。或本以『王袁』作『范袁』非。」案：文心時序篇：「王袁聯宗以龍章。」是亦王、袁相稱。當作「王、袁」。

④【注】許講疏：「按希逸詩往往不起議論，而輝映有餘，如王船山評其七夕夜詠牛女應制是也。成倬雲又評其侍宴蒜山詩筆清麗，興致不淺，蓋與鄙促之體，適相反矣。」案：詩品中鮑照條謂明遠「貴尚巧似，不避危仄，頗傷清雅之調。」而希逸詩氣候清雅，興致不淺，不走危仄險俗，自無鄙促之語。

## 宋御史蘇寶生①宋中書令史陵修之宋典祠令任曇緒②宋越騎戴法興③詩

蘇、陵、任、戴，竝著篇章；亦爲縉紳之所嗟詠④。人非文才是愈甚可嘉焉⑤。

①【注】宋書七十五王僧達傳：「蘇寶者名寶生，本寒門，有文義之美。元嘉中，立國子學，爲毛詩助教。爲太祖所知，官至南臺侍御史，江寧令，坐知高闍反，不卽啟聞，與闍共伏誅。」隋志注：「梁有江寧令蘇寶生集四卷，亡。」

案：蘇寶生，籍貫、生年均不詳。卒於宋孝武帝大明二年（？—四五八）。詩亦不傳。

②【注】陵修之、任曇緒，史籍均不可考。丁氏全宋詩亦未存其詩。

③【注】宋書九十四恩倖傳：「戴法興，世祖親覽朝政，不任大臣，而腹心耳目不得無所委寄。法興頗知古今，素見親待。多納貨賄，家產竝累千金。廢帝卽位，遷越騎校尉。而道路之言，謂法興爲眞天子，帝怒，免法興官，於其家賜死。法興能爲文章，頗行于世。」（傳又見南史七十七恩倖傳）。

隋志注：「梁有越騎校尉戴法興集四卷，亡。」

案：戴法興，字不詳，會稽山陰人。生於晉安帝義熙十年，卒於宋前廢帝景和元年（四一四—四六五），年五十二。詩作今已不傳。

④【注】案：四子詩皆佚亡。

⑤【校】「人非文才是愈」句，詞氣欠順暢，故各注本斷句皆不同，約可分爲四說：

子、陳注本、杜注本、百種詩話類編本作「人非文才，是愈甚可嘉焉。」

丑、古箋本、汪注本、車校證本作「人非，文才是愈，甚可嘉焉。」

寅、許講疏本作「人非文才是，愈甚可嘉焉。」

卯、李彙注作「人非，文才足愈，甚可嘉焉。」云：「是、足字形似之誤。或對上非字，而淺人妄改。」

其中「子」斷句詞義仍難明，陳注本並未作注（陳氏之補訂本斷句改作「人非文才是愈，甚可嘉焉。」注云：「明鈔本詩品作人非文是愈，有可嘉。」近於古箋本。）「丑」斷句古箋云：「如戴法興在宋書恩倖傳，故曰人非。」「寅」斷句許講疏云：「蘇戴二人，均罪至誅死。餘陵、任二人未詳。」二說大意相去不遠。「卯」說屬臆測之詞，尙待實證。以上四說，似皆未愜，疑有誤字或脫字。今得陳學士吟窗雜錄，作「人非文是，愈有可嘉焉。」文句最爲簡明順暢，似可從之。

## 宋監典事區惠恭①詩

惠恭本胡人，爲顏師伯②幹③，顏爲詩筆④，輒偸⑤定之。後造獨樂賦⑥，語侵給⑦主，被斥。及大將軍⑧修北第，差充作長。時謝惠連兼記室參軍⑨，惠恭時往，共安陵嘲調⑩，末作雙枕詩⑪以示謝。謝曰：「君誠能，恐人未重。且可以爲謝法曹造，遺大將軍。」見之賞歎⑫，以錦二端賜謝，謝辭曰：「此詩公作長所製⑬，請以錦賜之。」⑭

①【注】區惠恭生平不詳，詩亦不傳。

②【注】宋書七十七：「顏師伯字長淵，琅邪臨沂人。師伯居權日久，天下輻輳游其門者，爵位莫不踰分。多納貨賄，家產豐積，驕奢淫恣，爲衣冠所嫉。尋與大宰江夏王義恭柳元景同

誅。」（傳又見南史三十四）。

③【注】後漢書卷八十七欒巴傳注：「幹，府吏之類也。晉令：諸郡國不滿五千以下，置幹吏一人。群縣皆有幹。幹，猶主也。」

④【注】王疏證：「案筆卽『沈詩任筆』之筆，詩筆並稱，習見齊梁。對雨樓叢書本筆作畢，蓋筆之形誤，或淺人妄改。」案：齊梁時詩筆常並稱，可參考劉師培詩筆考。

⑤【校】漢魏叢書本、陳注本、許講疏本、杜注本、汪注本，上句「筆」字皆置於「偷」字下，作「顏爲詩，輒偷筆定之」，蓋後人所竄改。吟窗雜錄本、顧氏文房小說本、夷門廣牘本、續百川學海本、擇是居本、說郛本、詩觸本下句無「筆」字，正是。

【注】李龕注：「案，『輒偷定之』，輒偷惠恭句而定之之意也。」

⑥【注】獨樂賦今不傳。

⑦【校】車校證：「給有及義。國語晉語『豫而後給。』韋昭注：『給，及也。』淮南子兵略篇：『疾雷不及塞耳。』日本，古鈔卷子本『及』作『給』，並其證。」

⑧【注】案：大將軍指彭城王義康。宋書六十八彭城王義康傳：「永初元年封彭城王，食邑三千戶。十六年進位大將軍。」

⑨【注】宋書五十三：「元嘉七年，方爲司徒彭城王義康法曹參軍。」

⑩【注】許講疏：「『安陵』，疑用戰國時安陵君典，指當時所謂『繁華子』也。」

車校證：「案：楚策載安陵君以色見寵於楚宣王，說苑權謀作『安陵纏以顏色美壯，得寵於楚共王』，此謂大將軍彭城王義康之左右嬖倖也。」阮籍詠懷十二：「昔日繁華子，安陵與龍陽。」

⑪【注】案：區與謝相暱就，故惠恭作雙枕詩，詩已佚。

⑫【校】「遺大將軍」之「遺」字，顧氏文房小說本、續百川學海本、說郛本、漢魏叢書本、詩觸本、歷代詩話本、龍威秘書本、螢雪軒本、陳注本，並作「遣」，本當作「遺」。車校證「遣疑遺之壞字。遺，謂贈遺也。」遣遺二字形近而訛，當作「遺」。

李徽注：「案：此段句讀，張氏標點、陳注、許釋、葉集釋、車校、立命館疏、汪注等，各有異說。然如此諸說中，惟許釋、車校、立命館疏三說，頗得文理，而其餘諸家之說，則不値討論，玆錄許釋等三說如下：

一、許釋：『謝曰：「君誠能，恐人未重。且可以爲謝法曹造遺。」大將軍見之賞歎，……』

二、車校：『謝曰：「君誠能，恐人未重。且可以爲謝法曹造，遺大將軍。」大將軍見之賞歎，……』

三、立命館疏：『謝曰：君誠能，恐人未重。且可以爲謝法曹造。遺大將軍，見之賞歎，……』

然今細審文義，則此三說亦各有所短。就其事理而言之，則贈遺雙枕詩於大將軍之主意，似出自謝惠連，而非出於區惠恭。此爲許釋之欠當處；又贈遺大將軍之言，似當屬謝惠連之語內，不然則謝氏豈貪惠恭之詩，而欲爲己有耶。是爲立命館之欠當處。至於車師之說，則事理甚愜，然似不必補加『大將軍』三字。蓋古文習慣，已明知之主詞常可省略。此爲車師說之小疵也。車校本『見之賞歎』句下校云：『上文「大將軍」三字，疑當疊，所疊「大將軍」三字屬此句讀。古書疊字，往往誤挩也。』此車師以爲原文文理不順，故補加『大將軍』三字。然愚以爲雖無所補之『大將軍』三字，『見之賞歎』者，仍大將軍也。既諸本無此三字；而無此三字，又於文意無損，故不必硬加，如下文毛伯成等條云：『湯休謂遠云：「我詩可爲汝詩父」，以訪謝光祿。云：「不然爾，湯可爲庶兄。」』（李氏原斷句誤，參見齊參軍毛伯成條注十）此文『云』上亦省『謝光祿』三字，正其例也。」案：李推論細致，於文理事義最順愜，故從之。

⑬【注】許講疏：「公卽稱大將軍，以大將軍修北第，惠恭差充作長故也。」

⑭【注】陳注（訂補本）：「此篇全敍述區惠公本事，爲佳話之例。於以考見惠恭詩，是祖襲謝法曹者。」

## 齊惠休上人①齊道猷上人②齊釋寶月③詩

惠休淫靡，情過其才④，世遂匹之鮑照⑤，恐商周矣⑥。羊曜璠云：「

是顏公忌照之文，故立休鮑之論⑦。」庾白二胡⑧，亦有清句⑨。行路難是東陽柴廓所造⑩，寶月嘗憇其家，會廓亡，因竊而有之。廓子賫手本出都，欲訟此事，乃厚賂止之。

①【注】宋書卷七十一徐湛之傳：「沙門釋惠休，善屬文，辭采綺艷。世祖命使還俗。本姓湯，位至揚州從事史。」

隋志：「宋宛朐令湯惠休集三卷。」注：「梁，四卷，亡。」

漁洋詩話：「湯惠休宜在中品。」

案：湯惠休，字茂遠，籍貫及生卒年均不詳，生平以宋爲中心，入齊後史無紀載。丁氏全宋詩卷八存惠休詩十一首。

②【注】釋慧皎高僧傳曰：「宋京師新安寺釋道猷，吳人。生公弟子。文帝嘗問慧觀曰：『頓悟之義，誰復習之。』答云：『有生公弟子道猷。』即勅臨川郡發遣到京。既至，延入宮內，大集義僧，命猷伸述頓悟。帝撫几稱快，因語諸人曰：『生公孤情絕照，猷公直轡獨上，可謂克明師匠，無忝徽音。』」詩紀晉十七帛道猷小傳：「本姓馮，山陰人。居若邪山，少以篇牘著稱，性率素，好丘壑，一吟一詠，有濠上之風。」

漁洋詩話：「帛道猷宜在中品。」

古箋：「案諸書列道猷于晉，仲偉則列于齊，均非也。宜正曰：宋道猷上人。」

案：釋道猷生卒年均不詳，丁氏全晉詩卷七存道猷詩一首。

③【注】樂府詩集卷四十八估客樂題下引古今樂錄曰：「估客樂者，齊武帝之所製也。使樂府令劉瑤管絃被之教習，卒，遂無成。有人啟釋寶月善解音律，帝使奏之，旬日之中，便就諧合。寶月又上兩曲。」

案：釋寶月生平不詳，但知與齊武帝同時，詩作亦不傳。

④【注】南史卷卅四顏延之傳：「顏延之每薄湯惠休詩，謂人曰：惠休制作，委巷中歌謠耳。」宋書卷七十一：「釋惠休辭采綺艷。」杜甫留別公安大易沙門詩：「隱居欲就廬山遠，麗藻初逢休上人。」

⑤【注】許講疏：「近人劉師培曰：『側艷之詞，起源自昔，晉宋樂府，如桃葉歌、碧玉歌、白紵詞、白銅鞮歌，均以淫艷哀音，被于江左，迄于蕭齊，流風益盛。其以此體施於五言詩者，亦始晉宋之間，後有鮑照，前則惠休。』又自注曰：『明遠樂府，固妙絕一時，其五言詩亦多淫艷，特麗而能壯，與梁代之詩稍別。齊書文學傳論謂：次則發唱驚挺，操調險急，雕藻淫艷，傾炫心魂，斯鮑照之遺烈。其確證也，綺麗之詩，自惠休始。南史顏延之傳云：延之每薄湯惠休詩，謂人曰惠休製作，委巷中歌謠耳。方當誤後事。即據側麗之詩言之。』按側艷之詩，即仲偉所謂情過其才，劉氏述休鮑之同在此。其異則在休綺麗，鮑麗而能壯。是于蕭子顯休鮑後出之論，及仲偉鮑周休商之旨，可謂闡述盡之矣。」

⑥【注】左傳曰：「師克在和，不在衆、商周之敵，君之所聞也。」案，仲偉言本此。此謂惠休不敵鮑照也。

⑦【注】案：休鮑幷稱，乃當時習談，殆非顏延之忌明遠而立是論。如詩品下品謝宗超等條云：「余從祖正員嘗云：『大明泰始中，鮑休美文，殊已動俗。』」齊書文學傳論亦云：「休鮑後起，咸亦標世。」

⑧【注】古箋：「案：權德輿送清洨上人謁陸員外詩云：佳句已齊康寶月。則寶月非姓庾也。考漢沙門有康巨、康孟詳；曹魏沙門有康僧鎧；吳沙門有康僧會；晉沙門有康法暢、康法邃、康僧淵。高僧傳云：康僧會其先康居人；康僧淵本西域人，生於長安，貌雖梵人，語實中國云云。疑寶月卽僧會僧淵之族也。康庾形近易誤，故康法暢世說新語亦語爲庾法暢，賴高僧傳可正也。白當爲帛。曹魏沙門有帛延；吳沙門有帛僧光。白居易沃州山禪院記曰：初有羅漢僧西天竺人帛道猷居焉。仲偉云：道猷胡人，與樂天說合。高僧傳云：吳人，意其先本胡人，生於吳，遂爲吳人，如康僧淵之例也。」許講疏則以爲「庾疑係寶月姓，二胡猶言二釋子，蓋稱釋自道安起，其前嘗有稱胡者。」案：許氏失考，古說考訂詳盡，從之。

⑨【注】許講疏：「升庵詩話載道猷陵峯採藥詩，謂『連峯數千里，修林帶平津』、『茅茨隱不見，雞鳴知有人』四句，爲古今絕唱。寶月有估客樂二曲，亦有名於時云。」

⑩【注】案：徐陵玉台新詠行路難題寶月作，選詩外篇作柴廓，後人選本亦多題柴廓，或卽本鍾氏

之言歟。

又，柴廓，生平無可考索。

## 齊高帝①　齊征北將軍張永②　齊太尉王文憲③詩

齊高帝詩，詞藻意深，無所云少④。張景雲雖謝文體，頗有古意⑤。至如王師文憲⑥，既經國圖遠⑦，或忽是雕蟲⑧。

①【注】南齊書高帝紀：「太祖高皇帝諱道成，字紹伯，姓蕭氏，小諱鬬將。建元元年夏四月甲午，上卽皇帝位於南郊。」（又南史卷四有紀）。

案：齊高帝蕭道成，蘭陵人（今江蘇武進）。生於宋文帝元嘉四年，崩於建元四年（四二七—四八二），年五十六。丁氏全齊詩卷一存齊高帝詩二首，文選不錄。

②【校】許講疏，「征北」作「北征」，誤。

【注】宋書五十三張茂度傳：「張茂度吳郡人。子永，初爲郡主簿州從事，補餘姚令，入爲尚書中兵郎。涉獵書史，能爲文章。後廢帝元徽二年，遷使持節都督南兗徐青冀益五州諸軍事，征北將軍，南兗州刺史。」（傳又見南史卷三十一張裕傳後）。

案：張永，字景雲，吳郡吳人（今江蘇吳縣）。生於晉安帝義熙六年，卒於宋後廢帝元徽三年（四一〇—四七五），年六十六。張永未入齊，故當云「宋征北將軍張永」。

又，隋志有云：「宋太中大夫徐爰集六卷。」原注云：「梁又有右光祿大夫張未集十卷，亡。」並無張永集之記載。古箋云：「隋志：『梁又有右光祿大夫張永集十卷。』」許講疏云：「隋志：『梁又有宋右祿大夫張永集十卷。』」汪注云：「隋志：『又有宋古祿大夫張永集十卷。』」三注本逕將「張未改爲「張永」，並未言明據何而改。又許本、汪本所抄引隋志而朝代官位皆有舛誤。

③【注】南齊書卷二十三：「王儉，幼有神彩，專心篤學，手不釋卷。上表求校墳籍，依七略撰七志四十卷，上表獻之，表辭甚典。少有宰相之志，物議咸相推許。薨，追贈太尉，諡文憲公。儉寡嗜慾，唯以經國爲務。少撰古今喪服集記，并文集，並行于世。」（傳又見南史卷二十二）。

隋志：「齊太尉王儉集五十一卷。」注：「梁六十卷。」

案：王儉，字仲寶，原籍琅邪臨沂人（今山東臨沂），居於江蘇江寧。生於宋文帝元嘉二十九年，卒於齊武帝永明七年（四五二—四八九），年三十八。嶸爲國子生，嘗遊王儉門下。丁氏全齊詩卷二存王儉詩八首。王文憲集一卷收於漢魏六朝百三家集。

④【注】古箋：「案：齊高帝詩，南齊書蘇侃傳載其塞客吟一首，乃三四五六字雜言。惟南史荀伯玉傳曰：齊高帝鎮淮陰，爲宋明帝所疑，被徵爲黃門郎，深懷憂慮，見平澤有群鶴，乃命軍詠之曰，八風儛遙翮，九野弄清音，一摧雲間志，爲君苑中禽。帝五言可見者僅此耳。」

許講疏：「按：高帝詩如塞客吟遐心棲玄，群鶴詠託志雲間，其詩意深矣。自不在其篇之多少也。」

案：讀高帝塞客吟及群鶴詠，寄意良深，托言比興，故不在多。

⑤【注】李彙注：「案，詩品序：『雖謝天才，且表學問』與此構文相近。又中品陶潛條有：『文體省淨』，中品沈約條有『詳其文體』之語，而此條云『文體』者，與衆不同，蓋以其詩體之工整與否而言也。……而此云『古意』，即『篤意眞古』之義也。」

案：永詩不傳，文選及全宋詩皆未收。

⑥【注】南史卷七十二文學傳：「嶸，齊永明中爲國子生，明周易，衞將軍王儉領祭酒，頗賞接之。」案：梁書鍾嶸傳所載亦同，故嶸稱儉爲師，於儉獨稱諡而不名。

⑦【注】南齊書王儉傳：「儉寡嗜慾唯以經國爲務。」

⑧【注】古箋：「案：仲偉于儉有知己之感，而置之下品，足證不以恩怨爲高下也。」

**齊黃門謝超宗①齊潯陽太守丘靈鞠②齊給事中郎劉祥③齊司徒長史檀超④齊正員郎鍾憲⑤齊諸暨令顏則⑥齊秀才顧則心⑦詩**

檀、謝七君，竝祖襲顏延，欣欣不倦，得士大夫之雅致乎⑧。余從祖正員嘗⑨云：「大明泰始中，鮑、休美文，殊已動俗⑩。」唯此諸人，傅顏、陸體

⑪，用固執不如顏⑫。諸暨最荷家聲。

①【注】南齊書三十六：「謝超宗，祖靈運，父鳳坐靈運事，同徙嶺南，早卒。元嘉末，超宗得還。與慧休道人來往，好學，有文辭，盛得名譽。殷淑儀卒，超宗作誄，奏之，帝大嗟賞，曰：超宗殊有鳳毛，恐靈運復出。太祖卽位，轉黃門郎。超宗輕慢，王逡之奏超宗圖反，徙越州，賜自盡。」金樓子：「謝超宗字幾卿。」（傳又見南史卷十九）。

案：謝超宗，字幾卿，陳郡陽夏人。生年不詳，卒於齊武帝永明元年（？—四八三）。丁氏全齊詩卷一存齊南郊樂章十三首，齊北郊樂歌六首，齊明堂樂歌十五首，齊太廟樂歌十六首，皆據南齊書樂志以爲謝超宗所撰。

②【校】龍威秘書本、李徽注本，「丘靈鞠」作「邱靈鞠」。

【注】南齊書卷五十二文學傳：「丘靈鞠，少好學，善屬文。褚淵爲吳興謂人曰：此郡才士，唯有丘靈鞠及沈勃耳。出爲鎭南長史尋陽相，遷尙書左丞。著江左文章錄序，起太興迄元熙。文集行于世。」（傳又見南史卷七十二文學傳）

案：丘靈鞠，字不詳，吳興烏程人（今浙江吳興）。生卒年俱無可考，約與王儉同時（四五二—四八九）。子遲，有文名，見中品。

③【注】南齊書三十六：「劉祥，少好文學，性韻剛疎，輕言肆行，不避高下。永明初，遷長沙王鎭軍板諮議參軍。歷鄱陽王征虜，豫章王大司馬諮議，臨川王驃騎從事中郎。」（傳又見

南史卷十五）。

隋志注：「梁有領軍諮議劉祥集十卷，亡。」

案：劉祥，字顯徵，東莞莒人。生年不詳，約卒於齊武帝永明初，年三十九。詩已佚，丁氏全詩亦無錄。

④【注】南齊書五十二文學傳：「檀超，高平金鄉人也。少好文學，放誕任氣。仕至國子博士兼左丞。太祖賞愛之，遷驍騎將軍，常侍，司徒右長史。」（傳又見南史卷七十二文學傳）。

又，史未言劉祥爲給事中郎。古箋本作「給事中」。

案：檀超，字悅祖，生卒年不詳，齊高帝建元初年尚健在（建元元年卽西元四七九年）。

丁氏全詩未存其詩。

⑤【校】車校證：「案：『正員郎』疑當作『政員郎』，蓋散騎侍郎之簡稱也。通志二一職官三『通直散騎侍郎』下注云：『歷代常侍，或有員外者，或有通直者。……其非員外及通直者，或謂之政員散騎侍郎，或單謂之政員郎。』」

【注】案：據此知憲爲鍾嶸之從祖，官至正員郎，史書未載其生平，餘無可考索。丁氏全齊詩卷四存鍾憲登郡峯標望海詩一首，注云：「此詩見謝朓集題云：『和劉西曹望海詩作鍾憲。』」

⑥【校】顏則，史無記載。或云，「顏則」疑卽「顏惻（測）」。許講疏本、古箋本、汪注本、李

彙注本皆持此說，（陳注本則闕疑），以爲詩品謂則詩「祖襲延年，最荷家聲」可證；顏延年亦嘗語帝曰：「竣得臣筆，測得臣文」（事見南史顏延之傳），可知測善詩。陳學士吟窗雜錄本正作「顏測」。

【注】宋書卷七十三顏延之傳：「子竣，竣弟惻（同書卷七十五顏竣傳及南史三十四顏延之傳皆作『測』），亦以文章見知。官至江夏王傅義恭大司徒錄事參軍，蚤卒。」（史未言顏測嘗爲諸暨令。）

隋志：「宋大司馬錄事顏測集十一卷。」注：「幷目錄。」

⑦【注】案：顧則心生年不詳。丁氏全齊詩卷四存顧氏五言望廨前水竹詩一首，注云：「何遜集載此詩，題云：「望廨前水竹答崔錄事拾遺作，顧則心。」」

⑧【注】許講疏：「案：齊書文學傳論，以顏謝與休鮑對舉，知顏謝雖各擅奇，不愧同調。超宗素有靈運復出之譽，其齊南郊樂章十三首，齊北郊樂歌六首，齊明堂樂歌十五首，齊太廟樂歌十六首，皆南齊書樂志所謂多刪顏延之謝莊辭者，亦異代之同調矣。南史載靈鞠獻挽歌三首，有『雲橫廣階闇，霜深高殿寒』之句，與延年『流雲靄青闕，皓月鑒丹宮』，裴點復同。劉檀二君詩已不見，恐亦受繁密之化者。鍾憲詩如登群詩（聿案：『詩』爲『峯』字之誤）標望海，顧則心詩如望廨前水竹，雖較爲輕倩悠揚，而仍源于顏謝之綺織麗組也。至諸暨最荷家聲，更無論矣。綜此七君，皆得曹魏以來士大夫詩之正則，非虛評也。」

⑨【校】許講疏：「明鈔本作『常』，案作『常』是也。『常』下脫『侍』字。」案：許說非是。「嘗」、「常」意通。夷門廣牘本、吟窗雜錄本、天都閣本、螢雪軒本、歷代詩話本、古箋本作「嘗」，他本則作「常」。

⑩【注】大明，宋孝武帝第二年號（四五七—四六四）。泰始，宋明帝第一年號（四六五—四七一）。南齊書文學傳論：「休鮑後起，咸亦標世。」

⑪【校】夷門廣牘本、顧氏文房小說本、龍威秘書本、螢雪軒本、車校證本、立命館疏本、李彙注本、陳注本，作「傅顏陸體」。車校證云：「作『傅』義長。傅與附通，謂附和也。」吟窗雜錄本、對雨樓本、擇是居本、學津討源本、古箋本、許講疏本，作「傳顏陸體」。

【注】許講疏：「案仲偉前評延之詩：其源出於陸機，故連及稱顏陸焉。大抵顏陸以華贍典正爲宗；休鮑以雕藻淫艷相尙。顏陸師古，不愧正統之派；休鮑炫時，直如異軍突起耳。」

⑫【校】吟窗雜錄本「如」作「移」。陳注訂補本據明鈔本亦作「移」。車校證：「陳延傑從『如』字斷句云：『明鈔本詩品「如」作「移」。』案：『如』作『移』，蓋因從『如』字斷句則文意不完，乃改如爲移，與固執相應，且以足句義耳。又案：此當從『顏』字斷句。顏之固執乃中品顏延年之詩評語所謂『動無虛散，一句一字皆致意』也。」案：陳注改「如」爲「移」並斷句，意可通。

**齊參軍毛伯成①齊朝請吳邁遠②齊朝請許謠之③詩**

伯成文不全佳，亦多惆悵④。吳善於風人答贈⑤。許長於短句詠物⑥。湯休謂遠云：「吾詩可爲汝詩父。」⑦以訪謝光祿⑧，云⑨：「不然爾⑩，湯可爲庶兄。」

①【注】世說新語言語篇：「毛伯成既負其才氣，常稱寧爲蘭摧玉折，不作蕭敷艾榮。」注引征西寮屬名曰：「毛玄字伯成，潁川人。仕至征西行軍參軍。」隋志：「晉毛伯成集一卷。」又云：「毛伯成詩一卷。」注：「伯成，東晉征西將軍。」李彙注云：「隋志與仲偉所言朝代官名并異。據上引世說新語注，而官名可得證仲偉不誣；至於朝代名，則蓋無從考，而古箋校之曰：『當云晉參軍。』想必據隋志云者。然而觀此品所云，可知與湯惠休吳邁遠等同時，則隋志云晉毛伯成恐不甚愜。」聿案：或晉有征西將軍毛伯成亦未可知，蓋隋志多稱名不稱字。當存疑。案：毛玄，字伯成，年里生平俱不詳。作品亦佚，不可考索矣。

②【注】南史卷七十二文學檀超傳：「有吳邁遠者，好爲篇章，宋明帝聞而召之，及見，曰：『此人連絕之外，無所復有。』邁遠好自誇，而蚩鄙他人，每作詩，得稱意語，輒擲地呼曰：『曹子建何足數哉。』超聞而笑曰：『劉季緒才不逮於作者，而好抵訶人文章，季緒瑣瑣，焉足道哉。至於邁遠，何爲者乎。』」

隋志：「宋江州從事吳邁遠集一卷。」注：「殘缺。梁八卷，亡。」

案：吳邁遠，年里俱不詳，史書未爲邁遠立傳，生平僅附見於檀超傳。丁氏全宋詩卷五存吳邁遠詩十一首，樂府詩集載九首。

又，隋志作「宋江州從事」，與仲偉「齊朝請」之朝代官銜俱異，史書闕載，無從考訂。

③【校】東門廣牘本、顧氏文房小說本、續百川學海本、說郛本、學津討源本、螢雪軒本，作「許謠之」。吟窗雜錄本、全梁文本、歷代詩話本、玉台新詠本、古箋本、陳注本、許講疏本、李彙注本，皆作「許瑤之」，當從之。

【注】案：許瑤之，史籍闕載，生平年里俱不詳。丁氏全宋詩卷五存許瑤之詩三首。注云：「宋刻玉台目錄作許瑤之，而題作許瑤。按：詩品齊有許瑤之，則題爲誤脫。今從目錄補『之』字。」全宋詩收許瑤之五言二首，誤，「二首」當作「三首」，計「擬自君之出矣」、「詠枏榴枕」、「閨婦答鄰人」。或曰，「擬自君之出矣」係宋孝武帝詩。

④【注】案：伯成詩逸不存。然世說言伯成負才氣，寧爲蘭摧玉折，稟性如此，宜其詩多惆悵語。

⑤【注】陳祚明采菽堂古詩選：「邁遠稍有遠情，長別離曰：『富貴貌難變，貧賤容易衰。』古意贈今人曰：『容華一朝改，惟餘心不變。』皆可觀，然無全首。」

⑥【注】案：今存瑤之詩三首，每詩四句，故云長於短句。詠枏榴枕詩此詠物也。

⑦【注】許講疏：「湯休以吳好自誇，故深折之，亦如檀超之聞而笑之耳。謝莊之言，殊未知湯意

矣。」案：許氏自反諷之觀點解此語，可備一說。又，吳好自誇，見注二。

⑧【注】指謝莊。莊嘗爲散騎常侍光祿大夫。

⑨【校】吟窗雜錄本「云」上多「光祿」二字。

⑩【注】李彙注本斷句作「不然，爾湯可爲庶兄。」（區惠恭條注引光祿語，斷句亦同此），不辭。

## 齊鮑令暉①齊韓蘭英②詩

令暉歌詩，往往斷絕清巧③，擬古尤勝④，唯百願淫矣⑤。照嘗答孝武云：「臣妹才自亞於左芬，臣才不及太沖爾。」⑥蘭英綺密，甚有名篇⑦，又善談笑。齊武謂韓云：「借使二媛生於上葉，則玉階之賦，紈素之辭⑧，未詎⑨多也。」

①【注】玉台新詠卷四注引小名錄：「鮑照，字明遠；妹字令暉。有才思，亞於明遠。著香茗賦，集行于世。」

案：鮑令暉，名不詳，東海人（今江蘇灌雲），家居建康，兄照，入中品。丁氏全宋詩卷五存鮑令暉詩七首。

②【注】南齊書二十武穆裴皇后傳：「吳郡韓蘭英，婦人，有文辭。宋孝武世，獻中興賦，被賞入宮。明帝世，用爲宮中職僚。世祖以爲博士，教六宮書學。以其年老多識，呼爲韓公。」

金樓子箴戒篇：「蘭英號韓公，總知內事，善於文章。始入，爲後宮司儀。」

隋志注：「梁有宋後宮司儀韓蘭英集四卷，亡。」

案：金樓子箴戒篇存蘭英詩一首，丁氏全齊詩失收。

③【校】夷門廣牘本、吟窗雜錄本、續百川學海本、詩觸本、學津討源本、說郛本、顧氏文房小說本、螢雪軒本、龍威秘書本，作「斷絕」。車校證：「對雨樓本、擇是居叢書本、梁文紀本、古直箋本、陳延傑注本、杜天縻注本，『斷』皆作『嶄』，當從之。斷、嶄形近，又因聯想斷絕字而誤。嶄絕與超遠義近。後許王屮、二卞詩有云：『並愛奇嶄絕。』與此同例。」

【注】案：如令暉詩：「誰爲道辛苦，寄情雙飛燕」，「是時君不歸，春風徒笑妾」，可見其嶄絕清巧。

④【注】案：令暉善擬古，今存「擬青青河畔草」、「擬客從遠方來」二詩。至其「題書後寄行人」及「代葛沙門妻郭小玉作二首」，或擬「自君之出矣」，或擬「明月何皎皎」，雖饒清音仍不失古意。

⑤【校】陳注訂補本：「明鈔本詩品作唯百韻淫雜矣。」吟窗本亦同。令暉詩多佚，「百願」、「百韻」孰是，當存疑。「淫」下有「雜」字，意思較完整，不致誤解，當添。

【注】許講疏：「聞黃季剛先生有云：『鮑之百願，係一詩題，其詩大意近淫，故云淫矣。』謹

案『百願』如係詩題，則承上句言之，定是擬古之作，亦猶宋顏竣淫思古意之比耳。」

案：百願詩佚。許講疏本轉引黃季剛先生語，汪注本、李彙注本，復相傳襲許意，以爲「其詩大意近淫」。此說恐乖鍾氏論旨，亦去令暉詩情遠矣。凡言文采、音聲、情詞、雕潤過其實或猥雜皆可謂之淫，如：「及宋玉之徒，淫文放發，言過于實」（皇甫謐三都賦序）、「作奇技淫巧以悅婦人」（書泰誓下）、「審詩商禁淫聲」（荀子正制）、「臣視非之言文，其淫說靡辯才甚」（韓非存韓）、「府倉虛則國貧，國貧而民俗淫」（韓非解老）、「農工之業多廢或逐淫利馳騁稉稻」（傅玄陳時務書）。令暉詩多言閨情，時露清怨，或詩言百願，情辭過矣，故云。吟窗雜錄本及明鈔本作「淫雜」，意思更明矣。

⑥【注】案：照指鮑照，見中品。孝武指宋孝武帝，見下品。太沖，左思字，見上品。左芬，左思妹，有才學，其文甚藻麗，全晉詩卷七存左芬詩二首。

⑦【注】許講疏：「蘭英詩尚存奉詔爲顏氏賦詩一首，其名篇之綺密者，今已不見。」案：蘭英奉詔爲顏氏賦詩事，見載於金樓子箴誡篇，云：「齊鬱林王時有顏氏女，夫嗜酒，父母奪之入宮爲列職。帝以春夜命後宮司儀韓蘭英爲顏氏賦詩，曰：『絲竹猶在御，愁人獨向隅。棄置將已矣，誰憐微薄軀。』帝乃還之。」

⑧【注】案：漢書外戚傳載班婕妤退處東宮，嘗作賦自傷悼，有云：「華殿塵兮玉階苔」，蓋齊武取「玉階」二字，以言其賦。婕妤見上品。

又，婕妤怨歌行首句云：「新製齊紈素，皎絜如霜雪」，故云。

⑨【注】古箋：「未詎，猶未遽也。」

李徽注：「未詎，疑當訓詎未，猶豈不也。」

案：李說爲是。

## 齊司徒長史張融①齊詹事孔稚珪②詩

思光紆緩誕放③，縱有乖文體④，然亦捷疾豐饒，差不局促⑤。德璋生於封谿⑥，而文爲彫飾，青於藍矣⑦。

①【注】南齊書四十一：「張融，宋孝武聞融有早譽，敍以佳祿。出爲封谿令，廣越嶂嶮，獠賊執融，異之而不害也。文辭詭激，獨與衆異。永明八年，遷司徒右長史，太子中庶子，司徒左長史。融自名集爲玉海，文集數十卷行于世。」（傳又見南史三十二）。

隋志：「齊司徒長史張融集二十七卷。」注：「梁十卷。又張融玉海集十卷，亡。」

案：張融，字思光，吳郡吳人（今江蘇吳縣）。生於宋文帝元嘉二十一年，卒於齊明帝建武四年（四四四—四九七）。從叔永，見下品。丁氏全齊詩卷四存張融詩四首（五言二首，四言一首）。漢魏六朝百三家集有張長史集一卷。

②【校】除吟窗雜錄本「珪」作「圭」外，其餘各本及南史、南齊書本傳並作「珪」。車校證及校

證補作「圭」，未言據何本改。

【注】南齊書卷四十八：「孔稚珪（按：南史作孔珪）。少學涉有美譽。太祖爲驃騎，以稚珪有文翰，取爲記室參軍，與江淹對掌辭筆。稚珪風韻清疏，好文詠，飲酒七八斗。與外兄張融情趣相得，又與琅邪王思遠、廬江何點、點弟胤並款交，不樂世務。居宅盛營山水，憑几獨酌，傍無雜事。永元元年爲都官尚書，遷太子詹事，加散騎常侍。卒年五十五，贈金紫光祿大夫。」（傳又見南史卷四十九）。

隋志：「齊金紫光祿大夫孔稚珪集十卷。」

案：孔稚珪，字德彰，會稽山陰人（今浙江紹興），生於宋文帝元嘉二十四年，卒於齊東昏侯永元三年（四四七—五〇一），年五十五。丁氏全齊詩卷四存孔稚珪詩四首，漢魏百三家集有孔詹事集一卷。

③【校】車校證：「對雨樓本、擇是居本『誕放』作『放誕』。」案：南史融傳評思光「性既誕放。」

④【注】案：張融性行多異禮俗，好放言爲驚人之談，史書本傳載之頗詳，今舉數例以爲證。如南史融傳云：「融風止詭越，坐常危膝，行則曳步，翹身仰首，意制甚多。見者驚異，聚觀成市，而融了無慚色。」又云：「後（竺）超民孫微，多月遭母喪，居貧。融往弔之，悉脫衣以爲賻，披牛被而反。」又云：「永明中遇疾，爲問律自序云：『吾文章之體，多爲世人所驚，汝可師耳。夫文豈有常體，但以有體爲常。政當有其體，丈夫當刪詩書，制

禮樂，何至因循，寄人籬下。」南齊書亦評之曰：「融文體詭激，獨與衆異。」今傳詩作甚少，不克覩其體貌，然史官所言鑿鑿，「紆緩誕放有乖文體」殆非仲偉一人之私論矣。

⑤【注】許講疏：「思光言辭辯捷（見南史卷三十九劉繪傳），其詩如憂旦吟，如別詩，亦可謂捷疾而不局促矣。惜其豐饒之作，今已失見。」

李彙注：「案，『捷疾豐饒』，評其詩才而言。與中品謝惠連條『才思富捷』同意。『捷疾』即『捷』；『豐饒』即『富』；『捷疾豐饒』之主體，即『才思』，而於此略而不言也。南齊書張融傳云：『（張融）後還京師，以（海賦）示鎮國將軍顧凱之。凱之曰：「卿此賦，實超玄虛，但恨不道鹽耳。」融即求筆注之曰：「漉沙構白，熬波出素，積雪中春，飛霜暑路。」此四句後足也。』』又南史張融傳：『高帝出太極殿西室，融入問訊，彌時方登階。及就席，上曰：「何乃遲。」爲對曰：「自地升天，理不得速。」時魏主至淮而退，帝問：「何意忽來忽去。」未有答者。融時下坐，抗聲曰：「以無道而來，見有道而去。」公卿咸以爲捷。』又南史卷三十九劉繪傳評張融云：『言辭辯捷』，則此皆才思捷疾之證也。」又云：「性既誕放，又無文體所拘，而且才思富捷，則其文不局促宜哉。」

⑥【注】古箋：「案：南史張融爲孔稚珪外兄，情趣相得，融在宋世嘗爲封谿令，故曰德璋生于封谿。」

陳注：「案融嘗爲封谿令，稚圭從之學詩，故云德彰生于封谿。」

許講疏：「升庵詩話卷十四錄此條，幷加注云：『封谿，今之廣東出猩猩處。』」案：「生」當訓釋作「源出」，廣雅釋詁云：「生，出也。」易觀：「上九，觀其生，君子無咎」。此言「孔稚珪源出於張融」，蓋與「王粲其原出於李陵」等同義也，特易「源出」爲「生」耳。或疑「生」當作「出」，二字形近而訛。

⑦【注】荀子勸學：「青，取之於藍而青於藍。」

李奐注：「南齊書孔稚珪傳云：『不樂世務，居宅盛營山水，憑几獨酌，傍無雜事，門庭之內，草萊不翦，中有蛙鳴。或問之曰：欲爲陳蕃乎。稚珪笑曰：我以此當兩部鼓吹，何必期効仲舉。』以此可知稚珪之性，亦爲『紆緩誕放』。又南齊書孔稚珪傳云：『父靈產，泰始中罷晉安太守。有隱遁之懷，於禹井山立舘，事道精篤。』同書張融傳則云：『融年弱冠，道士同郡陸靜修，以白鷺麈尾扇遺融曰：此既異物，以奉異人。』以此可推知，融與稚珪，並似好道教。又南齊書孔稚珪傳云：『稚珪風韻清疎，好文詠，飲酒七八斗。與外兄張融情趣相得。』然則融與稚珪性既相近，而均好道教，又兩人爲內外從間，而情趣相得，以此可推知詩亦相似。此乃兩人同居一品之故歟。」

## 齊寧朔將軍王融①齊中庶子劉繪②詩

元長、士章並有盛才③，詞美英淨④。至於五言之作，幾乎尺有所短⑤

，譬應變將略，非武侯所長⑥，未足以貶臥龍。

①【注】南齊書卷四十七：「王融，祖僧達。少而神明警惠，博涉有文才。融爲曲水詩序，文藻富麗，當世稱之。虜使房景高曰：此製勝於顏延年。竟陵王子良於東府募人，板融寧朔將軍軍主。融文辭辯捷，尤善倉卒屬綴，有所造作，援筆可待。詔於獄賜死。時年二十七。文集行于世。」（傳又見南史卷廿一）。

隋志：「齊中書郎王融集十卷。」

案：王融，字元亮，原籍瑯琊臨沂人（今山東臨沂），寄居於江蘇江寧。生於宋明帝泰始四年，卒於齊明帝隆昌元年（四六八—四九四），年二十七。丁氏全齊詩卷二存王融詩九十二首，漢魏百三家集有王寧朔集一卷。

又，漁洋詩話曰：「王融宜在中品」。全齊詩收融詩雖多至九十餘首，然文選不取融詩。王融、任昉、謝朓好聲律、喜用事，揚波推瀾，蔚成風氣，仲偉序言闢之甚詳，此條亦謂融等短于詩，置之下品宜也。

又，四庫總目詩文評類詩品條：「又一百三人中，惟王融稱王元長，不著其名，或疑其有所私尊，然徐陵玉台新詠亦惟融書字，蓋齊梁之間避齊和帝之諱，故以字行，實無他故。今亦姑仍原本，以存其舊焉。」古直箋發凡云：「案：今行詩品，如汲古閣本、歷代詩話本、漢魏叢書本、嚴可均輯全梁文本均稱甯朔將軍王融詩，不稱元長，與提要異，不知提要所據何本也。齊司徒張融，亦不稱字，知非避齊和帝諱矣。提要誤也。」

②【注】南齊書卷四十八：「劉繪，應對流暢，聰警有文義，善隸書。數被賞召，進對華敏。永明末，京邑人士，盛爲文章談義，皆湊竟陵王西邸，繪爲後進領袖，機悟多能，言吐又頓挫有風氣。高宗卽位，遷太子中庶子。」（傳又見南史卷三十九）。

隋志注：「梁國從事中郎劉繪集十卷，亡。」

案：劉繪，字士章，彭城人（今江蘇銅山）。生於宋孝武帝大明二年，卒於齊和帝中興二年（四五八－五〇二），年四十五。丁氏全齊詩存劉繪詩七首。

③【注】南齊書謂融「博涉有文才」，謂繪「爲後進領袖」，詩品序亦云「彭城劉士章俊賞之士。」

④【校】車校證：「此句義頗難通，疑本作『詞采英淨。』上品評曹植詩有云『詞采華茂』，評張協詩有云『詞彩葱蒨』，並與此句法同。今本作『詞美英淨』，美卽英字之誤而衍者，又挩彩字也。」案：今傳各本並作「詞美英淨」，獨陳學士吟窗雜錄本作「詞筆瑩淨」。

【注】陳祚明評王融：「元長詞備華腴」。

詩鏡總論：「詩麗於宋，艷於齊。物有天艷，精神色澤，溢自氣表。王融艷句，然多語不成章，則塗澤勞而神色隱矣。」南史劉繪傳「繪麗雅有風」。

⑤【注】楚辭卜居：「夫尺有所短，寸有所長。」

詩藪：「元長尤號錚錚，篇什雖繁，未爲絕出。」

許講疏：「詩源辨體卷八云：『王元長五言，較玄暉休文聲韻益卑，大半入梁陳矣。故昭明獨無取焉。』按士章亦坐此，故仲偉並抑之。」

⑥【注】武侯、臥龍，並指諸葛亮。

三國志卷三十五蜀志諸葛亮傳評：「然連年動衆，未能成功。蓋應變將略，非其所長歟。」

按：仲偉語本此。此言二子並短於詩，然未足以其詩貶其人也。

## 齊僕射江祏①詩

（祏詩）②猗猗清潤③。弟祀，明靡可懷④。

①【校】東門廣牘本、吟窗雜錄本、顧氏文房小說本、漢魏叢書本、續百川學海本、說郛本、詩觸本、螢雪軒本，「祏」並誤作「祐」。對雨樓本、擇是居本、梁文紀本、歷代詩話本、古箋本、陳注本、許講疏本、葉集釋本、李彙注本、車校證本，並作「祏」。作「祏」爲是。

車校證：「葉集釋本此下多『祏弟祀』三字云：『或本多「祏弟祀」三字，並補入。』案：評語『弟祀明靡可懷』，乃因評其兄祏詩連類及之（古人作傳多有連類及之之例）；上引戴逵詩語末附『逵子顒亦有一時之譽』，乃因父及子，與此同例。」

【注】南齊書卷四十二：「江祏字弘業，濟陽考城人也。永泰元年，祏爲侍中書郎令。上崩，遣

詔轉右僕射。祏弟衞尉祀爲侍中。祀以少主難保，勸祏立遙光，事覺，祏祀同日見殺。」（傳又見南史卷四十七）。

案：江祏及弟祀，生年俱不詳，並誅於齊東昏侯永元元年（？—四九九）。二子詩作已佚，丁氏全詩未存。

②【校】東門廣牘本、學津討源本，缺「祏詩」二字，或因標題與評語疊書而漏脫。其餘各本，如吟窗本、顧氏文房小說本、說郛本、漢魏本、對雨樓本、說海本、詩觸本、龍威本、歷代詩話本、螢雪軒本，並有「祏詩」二字，各家箋注亦從之。

③【注】詩經衞風：「瞻彼淇奧，綠竹猗猗。」鄭箋：「猗猗，美盛貌。」

④【注】許講疏：「按仲偉評祏、祀兄弟詩，清靡明潤，亦可謂『魯衞之政』矣。惜其詩並佚耳。」

**齊記室王屮①齊綏遠太守卞彬②齊端溪令卞錄③詩**

王屮、二卞詩並愛奇嶄絕④，慕袁彥伯之風⑤。雖不宏綽，而文體勦淨，去平美遠矣⑥。

①【校】全梁文本作「屮」，今傳詩品各本並誤「屮」爲「巾」，今逕改。

許講疏引文選筆記：「嘉德案徐楚金說文通釋云：『屮从丨，引而上行，艸始脫莩甲，未有歧根。齊有輔國錄事參軍王屮，字簡棲，作武昌頭陀寺碑，見稱于世。』今各本作王巾，字之誤耳。胡云：『何校巾改屮。』陳云：『巾，屮誤。通釋作王屮，音徹，俗作巾非。』嘉德又考何氏讀書記則又云：『簡栖之名當作屮，古文左字也。案古文左篆作屮，玉篇作屮，即屮字。說文：屮，手也。今字作左，此今之左右字也。不與屮篆同。』然則簡栖之名，依小徐說，當是屮字。義門又以爲名ナ，或形相似而舛誤，當再考。」

車校證：「全梁文本『巾』作『屮』，下『巾』字同。葉長青云：『何焯曰「簡栖之名當作屮，古文左字也。」陳石遺先生曰「屮，音戞」。』案古文左字，則字當作『ナ』，又不當音戞。說文段注ナ音『藏可切』，屮音『丑例切』，陳氏音戞乃屮字，非古文左字。當從何說作ナ爲是。又據困學紀聞三〇云『王巾，字簡栖，作頭陀本碑，說文通釋以爲「王屮」。』則『巾』字之誤由來久矣。」

李彙注：「案，簡棲既卒於天監四年，則仲偉作『齊記室』，恐非是。然或入梁而後，不官，故云。」

【注】文選卷五十九善注引姓氏英賢錄：「王屮，有學業，爲頭陀寺碑，文詞巧麗，爲世所重。起家郢州從事征南記室。天監四年卒。」

隋志注：「梁有王屮集十一卷，亡。」

案：王屮，字簡棲，瑯琊臨沂人。生年不詳，卒於梁武帝天監四年（？—五〇五），故標題當作「梁記室」。詩已佚，文選僅錄其頭陀寺碑文一篇。

②【校】各本如夷門本、顧氏文房本、吟窗雜錄本、續百川學海本、龍威本、螢雪軒本、古箋本、立命館疏本、車校證本等，並作「綏遠太守」。獨許講疏本、陳注本、杜注本、李徽注本作「綏建太守」；當作「綏建太守」。蓋「建」「遠」形近而易譌也。南齊書及南史本傳並云卞彬爲「綏建太守」。又考南齊書州郡志，無「綏遠太守」，故改。

【注】南齊書卷五十二文學傳：「卞彬，才操不群，文多指斥。頗飮酒，擯棄形骸，作蚤虱賦。永元中爲平越長史綏建太守，卒官。」（傳又見南史卷七十二）。

案：卞彬，字士蔚，濟陰宛句人。生年不詳，約卒於齊東昏侯永元中。詩已佚。

③【校】陳注本、古箋本、許講疏本，於卞錄下皆缺而不注，蓋其生平史籍不詳。李徽注本據吟窗雜錄本改「卞錄」爲「卞鑠」，近是。車校證補以吟窗雜錄本爲誤。李徽注：「案，似可從吟窗雜錄本而校『錄』作『鑠』爲是。錄、鑠形近，故鑠誤作錄歟。隋志齊前參軍虞羲集九卷原注有云：『又有……卞鑠集十六卷。……亡。』則齊固有文人卞鑠，而南齊書中除卞彬之外，另不見姓爲卞氏之人（卞彬則已品及之）。六朝史書中，惟梁書及南史儒林傳有卞華，然華既非文人，而又非齊人。南史卷七十二丘巨源傳（文學傳）云：『初（袁）仲明與劉融、卞鑠，俱爲袁粲所賞，恒在坐席。粲爲丹陽尹，取鑠爲主簿。好詩賦，多譏刺世人，坐徙巴州。』則卞鑠固能詩。然則齊人卞氏中，可得品及於詩品之文人，疑僅彬與鑠二人而已。」案：卞鑠爲詩賦好譏刺世人，性與卞彬近。

④【注】王屮二卞詩並佚。

許講疏：「王巾爲頭陀寺碑文，詞甚巧麗，爲世所重。其詩今未之見。南史卞彬傳載其謠辭一首，曰：『可憐可念尸著服，孝子不在日代哭，列管暫鳴死滅族。』齊高帝曰：『此彬自作。』其句法緊健，亦足以當『愛奇嶄絕』之評矣。」

⑤【注】袁宏字彥伯，見中品，云：「雖文體未遒，而鮮明緊健，去凡俗遠矣。」

⑥【注】許講疏：「案仲偉前評彥伯詩，『鮮明緊健，去凡俗遠矣。』亦猶此之『文體勦淨，去平美遠矣』之意。蓋勦除疵累，自然鮮明，歸諸淨盡，非即緊健乎。至謂美而平平，自近於凡俗，苟能令其文體勦淨，則必超出之矣。」

## 齊諸暨令袁嘏①詩

〔嘏詩〕②平平耳，多自謂能。嘗語徐太尉云③：「我詩有生氣，須人捉着，不爾，便飛去④。」

①【注】南齊書卷五十二文學傳：「又有陳郡袁嘏，自重其文，謂人云：我詩應須大材迮之，不爾飛去。建武末爲諸暨令，被王敬則所殺。」（南史卷七十二卞彬傳所載亦同）。

案：袁嘏，生卒年及生平俱不詳，南齊書及南史並載袁嘏自重其詩之語，然詩已佚，丁氏全詩亦未存。

②【校】夷門廣牘本無「㬚詩」二字，其餘各本多有，故補之；與齊僕射江祏條同例。

③【校】夷門廣牘本、吟窗雜錄本、螢雪軒本、古箋本、陳注本、許講疏本、立命館疏本、李彙注本並作「徐太尉」；顧氏文房小說本、續百川學海本、說郛本、龍威本、漢魏本、詩觸本，並多一「保」字，作「徐太保尉」（車校證本誤植作「徐太保位」。）；學津討源本「太」「尉」之間空一格。孝嗣嘗拜司空太尉二府參軍及太尉諮議參軍，故當從夷門廣牘本。

【注】案：徐太尉，名姓不詳，或疑卽徐孝嗣，蓋孝嗣嘗拜司空太尉二府參軍及太尉諮議參軍。李彙注云：「案，徐太尉，疑卽徐孝嗣。隋志云：『齊太尉徐孝嗣集十卷。』原注：『梁七卷』。』則孝嗣官位既相符。又南齊書卷四十四徐孝嗣傳云：『孝嗣愛好文學，賞託清勝，器量弘雅，不以權勢自居。』則自重其文之衷㬚，必能對之而吐出如是之言。且史不言齊別有徐氏爲太尉者。」

④【注】南齊書卷五十二：「（㬚）謂人云：『我詩應須大材迮之，不爾飛去。』」與此語意近，然㬚詩今已不傳。

## 齊雍州刺史張欣泰①梁中書郎范縝②詩

欣泰、子眞竝希古勝文③，鄙薄俗製④。賞心流亮，不失雅言⑤。

①【注】南齊書卷五十一，「張欣泰，少有志節，好隸書，讀子史。永元初盧陵王安東司馬義師起，

以欣泰爲持節督雍、梁、南北秦四州，郢州之竟陵，司州之隨郡軍事，雍州刺史將軍如故。時少帝昏亂，欣泰與弟密謀，事覺伏誅。」（傳又見南史卷二十五）。

案：張欣泰，字義亨，竟陵人（今湖北棗陽縣東）。生於宋孝武帝孝建三年，卒於齊和帝中興元年（四五六—五〇一），年四十六。詩作已佚。

②【注】梁書卷四十八儒林傳：「范縝，博通經術，尤精三禮，性質直，好危言高論，不爲士友所安。爲尚書左丞。後徙廣州，還爲中書郎國子博士。文集十卷。」（傳又見南史卷五十七）。

隋志：「梁尚書左丞范縝集十一卷。」

案：范縝，字子眞，南鄉舞陰人，生卒年俱不詳，從弟雲（四五一—五〇三），見中品。范縝詩今不傳，丁氏全詩無錄。

③【校】許講疏本：「明鈔本無『勝』字。」車校證：「對雨樓本、擇是居本並挩『勝』字，並補在評語末。」

④【注】案：此謂二子詩古直，質勝于文，非齊梁俗調也，故下云：「不失雅宗。」

⑤【注】流亮猶瀏亮。清明暢朗也。陸機文賦：「詩緣情而綺靡，賦體物而瀏亮。」李善注：「瀏亮，清明之稱。」

案：張范詩俱佚。

## 梁秀才陸厥①詩

觀厥文緯，具識丈夫之情狀②。自製未優，非言之失也③。

①【校】「梁秀才」當作「齊秀才」。陸厥舉秀才於齊永明九年，齊永元元年卒，生平不涉梁代。

【注】南齊書卷五十二文學傳：「陸厥，少有風槪，好屬文，五言詩體甚新變。永明九年舉秀才，遷後軍行參軍。永明末，盛爲文章，吳興沈約、陳郡謝朓、琅邪王融，以氣類相推轂，汝南周顒善識聲韻，約等文皆用宮商，以平上去入爲四聲，以此制韻，不可增減，世呼爲永明體。文集行于世。」（傳又見南史卷四十八）

隋志：「齊後軍法曹參軍陸厥集八卷。」注：「梁十卷。」

案：陸厥，字韓卿，吳郡吳人（今江蘇吳縣）。生於宋明帝泰豫元年，卒於齊東昏侯永元元年（四七二—四九九），年二十八。丁氏全齊詩卷四存陸厥詩十一首，文選錄其二。

②【注】古箋：「案，指厥與沈約論宮商書。」

許講疏：「按『文緯』想係韓卿評論文學之書，以仲偉謂其『非言之失』，可思得之。惟隋志未曾著錄，則其書或早佚矣。南齊書厥傳，載其與沈約論宮商，韓卿以爲宮商律品（聿案：疑「品」當作「呂」。）不得言曾無先覺，更不必責其如一。是韓卿大有揚子雲『壯夫不爲』之意。『文緯』所標義諦，自不外此。故仲偉允其具識丈夫之情狀也。抑韓卿此種議論，既與齊梁諸公相左，故當時史籍，遂抑其書而不著錄歟。」

李彙注：「案，仲偉不僅因許韓卿與沈約書有揚子雲『壯夫不爲』之意，而韓卿書中所論，即與仲偉序中力闢世之四聲論之義暗合，故譽謂『具識丈夫情狀』也。至於許釋所謂『係韓卿評論文學之書』與否，今不敢斷其是非。」

③【校】陳學士吟窗雜錄本「丈」作「文」，下無「夫」字，疑當係詩品之舊。今傳各本誤「文」爲「丈」，復添「夫」字，則辭義難明，各注本以揚子雲「壯夫不爲」爲之解，用心良苦。

【注】案：南齊書文學傳：「厥少有風概，好屬文，五言詩體甚新變。」可知厥詩享譽一時。而記室謂其未優，蓋仲偉不好當時體，故云。「非言之失」，謂文緯之言則得之也。

## 梁常侍虞羲①梁建陽令江洪②詩

子陽詩奇句清拔，謝朓常嗟頌之③。洪雖無多，亦能自迥出④。

①【注】南史卷五十九王僧孺傳：「虞羲，盛有才藻，卒於晉安王侍郎。」文選卷二十一詠霍將軍北伐注引虞羲集序：「羲字子陽，會稽人也。七歲能屬文，後始安王引爲侍郎，尋兼建安征虜府主簿功曹，又兼記室參軍事。天監中卒。」

隋志：「齊前軍參軍虞羲集九卷。」注：「殘缺。梁十一卷。」

李彙注：「案，虞羲集序、南史、隋志，並不言羲爲常侍。又虞羲集序、詩品，皆云羲字子陽，而南史云士光，蓋二字並行也歟。」

案：虞羲，字士光，或子陽，會稽餘姚人。生年不詳，約卒於天監中。丁氏全梁詩卷十二存虞羲詩十二首，文選錄其詠霍將軍北伐詩一首。

②【注】南史卷五十九王僧孺傳：「江洪，竟陵王子良嘗夜集學士，刻燭爲詩，四韻者則刻一寸，以此爲率。文琰曰：『頓燒一寸燭，而成四韻詩，何難之有。』乃與令楷、江洪等，共打銅鉢立韻，響滅則詩成，皆可觀覽。」又卷七十二文學吳均傳：「濟陽江洪，工屬文，爲建陽令，坐事死。」（傳又附見梁書卷四十九文學吳均傳）。

隋志：「梁建陽令江洪集二卷。」

案：江洪，濟陽人，生卒年俱不詳。丁氏全梁詩卷十二存江洪詩十七首。

③【校】各本如龍威秘書本、螢雪軒本、陳注本、古箋本、立命館疏本、李彙注本並作「嗟頌」；許講疏本作「嗟誦」。「頌」「誦」通。

【注】陳祚明評詠霍將軍北伐云：「高壯。已稍洗爾時纖卑習氣矣。」王船山評詠橘：「子陽留心雅製，于體欲備，老筆沈酣，足以逮之，不問當時俗賞。」詩藪：「宋齊之際靡極矣。而虞子陽北伐，大有建安風骨，何從得之？」案：諸評家直指虞詩脫時俗，有清新秀拔之句，無怪多警遒語之謝朓常嗟誦之。

④【注】古箋：「洪詩多詠歌姬、詠舞女之類，纖靡甚矣，豈迥出者今不傳邪。」

許講疏：「成書評洪胡笳曲云：『詞極斬截，韻極鏗鏘，壯志悲音，如聽清笳暮奏。』按洪他詩如秋風曲三首，亦是絕句妙法，皆一代迥出之作也。仲偉以洪詩與子陽聯評，正以二人並迥拔獨絕也。又案史稱吳均文體清拔有古氣，好事者或斆之，謂爲吳均體，梁書及南史並以江洪附吳均傳，殆以江洪爲斆吳均體者，此仲偉所以以迥拔目洪詩歟。」

案：許氏以江洪學吳均之迥拔，正是。然亦不乏綺靡之製，如「詠美人治粧」、「詠歌姬」、「詠舞女」諸什，蓋亦梁陳脂粉之遺音也。

## 梁步兵鮑行卿①梁晉陵令孫察②詩

行卿少年，甚擅風謠之美③。察最幽微，而感賞至到耳。

①【注】南史卷六十二鮑泉傳附：「鮑行卿，以博學才大稱。位後軍臨川王錄事，兼中書舍人，遷步兵校尉。上玉璧銘，武帝發詔褒賞。好韻語，有集二十卷，撰皇室儀十三卷，乘輿龍飛記二卷。」

案：鮑行卿，東海人，生卒年俱不詳，梁武帝時在世。詩作不傳，丁氏全詩亦無錄。

②【注】陳直詩品約注：「梁書孫謙傳：『從子廉，歷御史中丞，晉陵、吳興太守。』孫廉當即孫察。梁書爲唐姚思廉撰。思廉爲陳吏部尚書姚察之子，思廉避父諱，廉察義近，故易廉。李延壽南史，又因姚書而作廉也。」

案：孫察史籍不載，陳直以孫察乃孫廉也，此說宜存疑。古箋本、陳注本、許講疏本、立命館疏本皆未注。

又，孫詩今佚，丁氏全詩亦未收孫察或孫廉詩。

③【注】古箋：「案玉臺新詠有鮑子卿詩二首，次江洪、高爽之後，或行卿卽子卿乎。」

車校證引詩宿詩人考世上鮑子卿下：「詩品有梁步兵鮑行卿，未知是否。」

許講疏：「案鮑行卿詩，今已亡佚。惟有鮑子卿，亦梁時人。其詠畫扇、詠玉階二詩尚存。但與仲偉所評，了不相及，自不得傅會爲一人也。」

# 附錄一

## 校正詩品全文

### 詩品上

梁潁川鍾嶸仲偉撰

氣之動物，物之感人，故搖蕩性情，形諸舞詠，照燭三才，暉麗萬有，靈祇待之以致饗，幽微藉之以昭告，動天地，感鬼神，莫近於詩。

昔南風之詞，卿雲之頌，厥義敻矣。夏歌曰：「鬱陶乎予心」，楚謠曰：「名余曰正則」，雖詩體未全，然是五言之濫觴也。逮漢李陵，始著五言之目矣。古詩眇邈，人世難詳，推其文體，固是炎漢之製，非衰周之倡也。

自王、揚、枚、馬之徒，詞賦競爽，而吟詠靡聞。從李都尉迄班婕妤，將百年間，有婦人焉，一人而已。詩人之風，頓已缺喪。東京二百載中，惟有班固詠史，質木無文。

降及建安，曹公父子，篤好斯文；平原兄弟，鬱爲文棟；劉楨、王粲，爲其羽翼。次有攀龍託鳳，自致於屬車者，蓋將百計。彬彬之盛，大備於時矣。

爾後陵遲衰微，迄於有晉。太康中，三張、二陸，兩潘、一左，勃爾復興，踵武前王，風流未沫，亦文章之中興也。

永嘉時，貴黃老，稍尚虛談。于時篇什，理過其辭，淡乎寡味。爰及江表，微波尚傳，孫綽、許詢、桓、庾諸公，詩皆平典似道德論，建安風力盡矣。先是郭景純用儁上之才，變創其體；劉越石仗清剛之氣，贊成厥美。然彼衆我寡，未能動俗。逮義熙中，謝益壽斐然繼作。元嘉中，有謝靈運，才高詞盛，富艷難蹤，固已含跨劉、郭，陵轢潘、左。

故知陳思爲建安之傑，公幹、仲宣爲輔；陸機爲太康之英，安仁、景陽爲輔；謝客爲元嘉之雄，顏延年爲輔。斯皆五言之冠冕，文詞之命世也。

夫四言，文約意廣，取效風騷，便可多得。每苦文繁而意少，故世罕習焉。五言居文詞之要，是衆作之有滋味者也。故云會於流俗。豈不以指事造形，窮情寫物，最爲詳切者耶。

故詩有三義焉：一曰興，二曰比，三曰賦。文已盡而意有餘，興也；因物喻志，比也；直書其事，寓言寫物，賦也。宏斯三義，酌而用之，幹之以風力，潤之以丹采，使味之者無極，聞之者動心，是詩之至也。若專用比興，則患在意深，意深則詞躓。若但用賦體，則患在意浮，意浮則文散，嬉成流移，文無止泊，有蕪漫之累矣。

若乃春風春鳥，秋月秋蟬，夏雲暑雨，冬月祁寒，斯四候之感諸詩者也。嘉會寄詩以親，離群託詩以怨。至於楚臣去境，漢妾辭宮；或骨橫朔野，或魂逐飛蓬；或負戈外戍，殺氣雄邊；塞客衣單，孀閨淚盡；或士有解佩出朝，一去忘返；女有揚蛾入寵，再盼傾國。凡斯種種，感蕩心靈，非陳詩何以展其義；非長歌何以騁其情。故曰：「詩可以群，可以怨。」使窮賤易安，幽居靡悶，莫尚於詩矣。

故詞人作者，罔不愛好。今之士俗，斯風熾矣。纔能勝衣，甫就小學，必甘心而馳騖焉。於是庸音雜體，各各爲容。至使膏腴子弟，恥文不逮，終朝點綴，分夜呻吟。獨觀謂爲警策，衆覩終淪平鈍。次有輕薄之徒，笑曹、劉爲古拙，謂鮑照羲皇上人，謝朓今古獨步。而師鮑照，終不及「日中市朝滿」；學謝朓，劣得「黃鳥度青枝」。徒自棄於高聽，無涉於文流矣。

觀王公縉紳之士，每博論之餘，何嘗不以詩爲口實。隨其嗜欲，商搉不同，淄澠竝汎，朱紫相奪，喧議競起，準的無依。近彭城劉士章，俊賞之士，疾其淆亂，欲爲當世詩品，口陳標榜。其文未遂，感而作焉。

昔九品論人，七略裁士，校以賓實，誠多未值。至若詩之爲技，較爾可知。以類推之，殆均博弈。方今皇帝，資生知之上才，體沈鬱之幽思，文麗日月，賞究天人。昔在貴遊，已爲稱首。況八紘既奄，風靡雲蒸。抱玉者聯肩，握珠者踵武。以瞰漢魏而不顧，吞晉宋於胸中。諒非農歌轅議，敢致流別。嶸之今錄，庶周旋於閭里，均之於談笑耳。

古詩

其體源出於國風。陸機所擬十四首，文溫以麗，意悲而遠，驚心動魄，可謂幾乎一字千金。其外，

「去者日以疎」四十五首，雖多哀怨，頗爲總雜。舊疑是建安中曹、王所製。「客從遠方來」、「橘柚垂華實」，亦爲驚絕矣。人代冥滅，而清音獨遠，悲夫。

漢都尉李陵詩

其源出於楚辭。文多悽愴，怨者之流。陵，名家子，有殊才，生命不諧，聲頹身喪。使陵不遭辛苦，其文亦何能至此。

漢婕妤班姬詩

其源出於李陵。團扇短章，詞旨清捷，怨深文綺，得匹婦之致。侏儒一節，可以知其工矣。

魏陳思王植詩

其源出於國風。骨氣奇高，詞采華茂；情兼雅怨，體被文質。粲溢今古，卓爾不群。嗟乎，陳思之於文章也，譬人倫之有周、孔，鱗羽之有龍鳳，音樂之有琴笙，女工之有黼黻。俾爾懷鉛吮墨者，抱篇章而景慕，暎餘暉以自燭。故孔氏之門如用詩，則公幹升堂，思王入室，景陽、潘、陸，自可坐於廊廡之間矣。

漢文學劉楨詩

其源出於古詩。仗氣愛奇，動多振絕，貞骨凌霜，高風跨俗。但氣過其文，雕潤恨少。然自陳思以下，楨稱獨步。

漢侍中王粲詩

其源出於李陵。發愀愴之詞，文秀而質羸。在曹、劉間，別構一體。方陳思不足，比魏文有餘。

魏步兵阮籍詩

其源出於小雅。雖無雕蟲之功，而詠懷之作，可以陶性靈、發幽思。言在耳目之內，情寄八荒之表，洋洋乎會於風雅，使人忘其鄙近，自致遠大。頗多感慨之詞。厥旨淵放，歸趣難求。顏延註解，怯言其志。

晉平原相陸機詩

其源出於陳思。才高辭贍，舉體華美。氣少於公幹，文劣於仲宣。尚規矩，不貴綺錯，有傷直致之奇。然其咀嚼英華，厭飫膏澤，文章之淵泉也。張公歎其大才，信矣。

晉黃門郎潘岳詩

其源出於仲宣。翰林歎其「翩翩然如翔禽之有羽毛，衣服之有綃縠。猶淺於陸機。」謝混云：「潘詩爛若舒錦，無處不佳；陸文如披沙簡金，往往見寶。」嶸謂：益壽輕華，故以潘爲勝；翰林篤論，故歎陸爲深。余嘗言：陸才如海，潘才如江。

晉黃門郎張協詩

其源出於王粲。文體華淨，少病累。又巧構形似之言。雄於潘岳，靡於太沖。風流調達，實曠代之高手。詞采蔥蒨，音韻鏗鏘，使人味之亹亹不倦。

晉記室左思詩

其源出於公幹。文典以怨，頗爲精切，得諷諭之致。雖野於陸機，而深於潘岳。謝康樂常言：「左太沖詩、潘安仁詩，古今難比。」

宋臨川內史謝靈運詩

其源出於陳思，雜有景陽之體。故尙巧似，而逸蕩過之。頗以繁蕪爲累。嶸謂：若人興多才高，寓目輒書，內無乏思，外無遺物，其繁富宜哉。然名章迥句，處處間起；麗典新聲，絡繹奔會。譬猶青松之拔灌木，白玉之暎塵沙，未足貶其高潔也。〔初，錢塘杜明師，夜夢東南有人來入其館，是夕，卽靈運生於會稽。旬日而謝安亡。其家人以子孫難得，送靈運於杜，治養之。十五方還都，故名客兒。〕

## 詩品中

一品之中，略以世代爲先後，不以優劣爲詮次，又其人既往，其文克定，今所寓言，不錄存者。夫屬詞比事，乃爲通談。若乃經國文符，應資博古；撰德駁奏，宜窮往烈。至乎吟詠情性，亦何貴於用事？「思君如流水」，既是卽目；「高台多悲風」，亦惟所見；「淸晨登隴首」，羌無故實；「明月照積雪」，詎出經史。觀古今勝語，多非補假，皆由直尋。

顏延、謝莊，尤爲繁密，於時化之。故大明、泰始中，文章殆同書抄。近任昉、王元長等，辭不貴奇，競須新事。爾來作者，寖以成俗。遂乃句無虛語，語無虛字，拘攣補衲，蠹文已甚。但自然英旨，罕値其人。詞既失高，則宜加事義。雖謝天才，且表學問，亦一理乎。

陸機文賦，通而無貶；李充翰林，疏而不切；王微鴻寶，密而無裁；顏延論文，精而難曉；摯虞文志，詳而博贍，頗曰知言。觀斯數家，皆就談文體，而不顯優劣。至於謝客集詩，逢詩輒取；張騭文士，逢人卽書。諸英志錄，竝義在文，曾無品第。

嶸今所錄，止乎五言。雖然，網羅今古，詞文殆集，輕欲辨彰清濁，掎摭病利，凡百二十人。預此宗流者，便稱才子。至斯三品升降，差非定制，方申變裁，請寄知者爾。

漢上計秦嘉嘉妻徐淑詩

夫妻事既可傷，文亦悽怨。二漢爲五言者，不過數家，而婦人居二。徐淑敍別之作，亞於團扇矣。

魏文帝詩

其源出於李陵，頗有仲宣之體，體則新奇。百許篇率皆鄙直如偶語。惟「西北有浮雲」十餘首，殊美贍可翫，始見其工矣。不然，何以銓衡群彥，對揚厥弟者耶。

魏中散嵇康詩

頗似魏文，過爲峻切，訐直露才，傷淵雅之致。然託喻清遠，良有鑒裁，亦未失高流矣。

晉司空張華詩

其源出於王粲。其體華艷，興託不奇。巧用文字，務爲妍冶。雖名高曩代，而疏亮之士，猶恨其兒女情多，風雲氣少。謝康樂云：「張公雖復千篇，猶一體爾。」今置之中品疑弱；處之下科恨少，在季孟之間矣。

魏尚書何晏晉馮翊守孫楚晉著作王讚晉司徒掾張翰晉中書令潘尼詩

平叔鴻鵠之篇，風規見矣。子荊零雨之外，正長朔風之後，雖有累札，良亦無聞。季鷹黃華之唱，正叔綠蘩之章，雖不具美，而文彩高麗。竝得虬龍片甲，鳳皇一毛。事同駁聖，宜居中品。

魏侍中應璩詩

祖襲魏文，善爲古語。指事殷勤，雅意深篤，得詩人激刺之旨。至於「濟濟今日所」，華靡可諷味焉。

晉清河內史陸雲晉侍中石崇晉襄城太守曹攄晉朗陵公何劭詩

清河之方平原，殆如陳思之匹白馬，于其哲昆，故稱二陸。季倫、顏遠，竝有英篇。篤而論之，朗陵爲最。

晉太尉劉琨晉中郎盧諶詩

其源出於王粲。善爲悽戾之辭，自有清拔之氣。琨既體良才，又罹厄運，故善敍喪亂，多感恨之詞。中郎仰之，微不逮者矣。

晉弘農太守郭璞詩

憲章潘岳，文體相輝，彪炳可翫。始變永嘉平淡之體，故稱中興第一。翰林以爲詩首。但遊仙之作，辭多慷慨，乖遠玄宗。而云「奈何虎豹姿」，又云「戢翼棲榛梗」，方是坎壈詠懷，非列仙之趣也。

晉吏部郎袁宏詩

彥伯詠史，雖文體未遒，而鮮明緊健，去凡俗遠矣。

晉處士郭泰機晉常侍顧愷之宋謝世基宋參軍顧邁宋參軍戴凱詩

泰機寒女之製，孤怨宜恨。長康能以二韻答四首之美。世基橫海，顧邁鴻飛。戴凱人實貧羸，而才章富健。觀此五子，文雖不多，氣調警拔。吾許其進，則鮑照、江淹，未足逮止。越居中品，僉曰宜哉。

宋徵士陶潛詩

其源出於應璩，又協左思風力。文體省淨，殆無長語。篤意眞古，辭興婉愜。每觀其文，想其人德，世歎其質直。至如「歡言酌春酒」，「日暮天無雲」，風華清靡，豈直爲田家語耶。古今隱逸詩人之宗也。

宋光祿大夫顏延之詩

其源出於陸機。尚巧似，體裁綺密，情喻淵深，動無虛散，一句一字，皆致意焉。又喜用古事，彌見拘束。雖乖秀逸，固是經綸文雅。才減若人，則蹈於困躓矣。湯惠休曰：「謝詩如芙蓉出水，顏如錯彩鏤金。」顏終身病之。

宋豫章太守謝瞻晉僕射謝混宋太尉袁淑宋徵君王微宋征虜將軍王僧達詩

其源出於張華。才力苦弱，故務其清淺，殊得風流媚趣。課其實錄，則豫章、僕射，宜分庭抗禮；徵君、太尉，可託乘後車；征虜卓卓，殆欲度驊騮前。

宋法曹參軍謝惠連詩

小謝才思富捷，恨其蘭玉夙凋，故長轡未騁。秋懷、擣衣之作，雖復靈運銳思，亦何以加焉。又工爲綺麗歌謠，風人第一。謝氏家錄云：「康樂每對惠連，輒得佳語。後在永嘉西堂思詩，竟日不就。

寤寐間，忽見惠連，即成『池塘生春草』，故常云：『此語有神助，非吾語也。』」

宋參軍鮑照詩

其源出於二張。善製形狀寫物之詞。得景陽之諔詭；含茂先之靡嫚。骨節强於謝混；驅邁疾於顏延。總四家而擅美，跨兩代而孤出。嗟其人秀才微，故取湮當代。然貴尚巧似，不避危仄，頗傷清雅之調。故言險俗者多以附照。

齊吏部謝朓詩

其源出於謝混。微傷細密，頗在不倫。一章之中，自有玉石。然奇章秀句，往往警遒。足使叔源失步，明遠變色。善自發詩端，而末篇多躓，此意銳而才弱也。至爲後進士子之所嗟慕。朓亟與余論詩，感激頓挫過其文。

梁光祿江淹詩

文通詩體總雜，善於摹擬。筋力於王微，成就於謝朓。初，淹罷宣城郡，遂宿冶亭，夢一美丈夫，自稱郭璞，謂淹曰：「吾有筆在卿處多年矣，可以見還。」淹探懷中，得五色筆以授之。爾後爲詩，不復成語，故世傳江淹才盡。

梁衞將軍范雲梁中書郎丘遲詩

范詩清便宛轉，如流風迴雪；丘詩點綴暎媚，似落花依草。故當淺於江淹，而秀於任昉。

梁太常任昉詩

彥昇少年爲詩不工，故世稱沈詩任筆，昉深恨之。晚節愛好旣篤，文亦遒變。善銓事理，拓體淵雅，得國士之風，故擢居中品。但昉旣博物，動輒用事，所以詩不得奇。少年士子，效其如此，弊矣。

梁左光祿沈約詩

觀休文衆製，五言最優。詳其文體，察其餘論，固知憲章鮑明遠也，所以不閑於經綸，而長於清怨。永明相王愛文，王元長、約等皆宗附之。於時，謝朓未遒，江淹才盡，范雲名級固微，故約稱獨步。雖文不至其工麗，亦一時之選也。見重閭里，誦詠成音。嶸謂：約所著旣多，今翦除淫雜，收其精要，允爲中品之第矣。故當詞密於范，意淺於江也。

## 詩品 下

昔曹、劉殆文章之聖，陸、謝爲體貳之才。銳精研思，千百年中，而不聞宮商之辨，四聲之論。

或謂前達偶然不見，豈其然乎。

嘗試言之，古者詩頌，皆被之金竹，故非調五音，無以諧會。若「置酒高堂上」、「明月照高樓」，爲韻之首。故三祖之詞，文或不工，而韻入歌唱，此重音韻之義也，與世之言宮商異矣。今既不被管絃，亦何取於聲律耶。

齊有王元長者，嘗謂余云：「宮商與二儀俱生，自古詞人不知之，唯顏憲子乃云律呂音調，而其實大謬。唯見范曄、謝莊頗識之耳。嘗欲進知音論未就。」王元長創其首，謝朓、沈約揚其波。三賢咸貴公子孫，幼有文辯。於是士流景慕，務爲精密。襞積細微，專相凌架。故使文多拘忌，傷其眞美。余謂文製，本須諷讀，不可蹇礙。但令清濁通流，口吻調利，斯爲足矣。至如平、上、去、入，則余病未能；蜂腰、鶴膝，閭里已具。

陳思贈弟，仲宣七哀，公幹思友，阮籍詠懷，少卿雙鳧，叔夜雙鸞，茂先寒夕，平叔衣單，安仁倦暑，景陽苦雨，靈運鄴中，士衡擬古，越石感亂，景純詠仙，王微風月，謝客山泉，叔源離宴，鮑照戍邊，太沖詠史，顏延入洛；陶公詠貧之製，惠連擣衣之作，斯皆五言之警策者也。所謂篇章之珠澤，文采之鄧林。

漢令史班固漢孝廉酈炎漢上計趙壹詩

孟堅才流，而老於掌故。觀其詠史，有感歎之辭。文勝託詠靈芝，懷寄不淺。元叔散憤蘭蕙，指斥囊錢，苦言切句，良亦勤矣。斯人也而有斯困，悲夫。

### 魏武帝魏明帝詩

曹公古直，甚有悲涼之句。叡不如丕，亦稱三祖。

### 魏白馬王彪漢文學徐幹詩

白馬與陳思答贈，偉長與公幹往復，雖曰以莛叩鐘，亦能閑雅矣。

### 漢倉曹屬阮瑀晉頓丘太守歐陽建漢文學應瑒晉中書令嵇含晉河南太守阮侃晉侍中嵇紹晉黃門棗據詩

元瑜、堅石七君詩，並平典不失古體。大檢似，而二嵇微優矣。

### 晉中書張載晉司隸傅玄晉太僕傅咸魏侍中繆襲晉散騎常侍夏侯湛詩

孟陽詩乃遠慙厥弟，而近超兩傅。長虞父子，繁富可嘉。孝若雖曰後進，見重安仁。熙伯挽歌，唯以造哀爾。

晉驃騎王濟晉征南將軍杜預晉廷尉孫綽晉徵士許詢詩

永嘉以來，清虛在俗，王武子輩詩，貴道家之言。爰洎江表，玄風尚備，眞長、仲祖、桓、庾諸公猶相襲。世稱孫、許彌善恬淡之詞。

晉徵士戴逵詩

安道詩雖嫩弱，有清工之句。裁長補短，袁彥伯之亞乎。逵子顒，亦有一時之譽。

晉東陽太守殷仲文詩

晉宋之際，殆無詩乎。義熙中，以謝益壽、殷仲文爲華綺之冠；殷不競矣。

宋尚書令傅亮詩

季友文，余常忽而不察。今沈特進撰詩，載其數首，亦復平矣。

宋記室何長瑜羊曜璠詩

才難，信矣。以康樂與羊、何若此，而二人文辭，殆不足奇。

宋詹事范曄詩

蔚宗詩乃不稱其才，亦爲鮮舉矣。

宋孝武帝宋南平王鑠宋建平王宏詩

孝武詩彫文織綵，過爲精密，爲二藩希慕，見稱輕巧矣。

宋光祿謝莊詩

希逸詩氣候清雅，不逮於王、袁。然興屬閑長，良無鄙促也。

宋御史蘇寶生宋中書令史陵修之宋典祠令任曇緒宋越騎戴法興詩

蘇、陵、任、戴，竝著篇章，亦爲搢紳之所嗟詠。人非文是，愈有可嘉焉。

宋監典事區惠恭詩

惠恭本胡人，爲顏師伯幹，顏爲詩筆，輒偷定之。後造獨樂賦，語侵給主，被斥。及大將軍修北第，差充作長。時謝惠連兼記室參軍，惠恭時往，共安陵嘲調，末作雙枕詩以示謝。謝曰：「君誠能，恐人未重。且可以爲謝法曹造，遺大將軍。」見之賞歎，以錦二端賜謝，謝辭曰：「此詩公作長所製，請以錦賜之。」

齊惠休上人齊道猷上人齊釋寶月詩

惠休淫靡，情過其才，世遂匹之鮑照，恐商周矣。羊曜璠云：「是顏公忌照之文，故立休鮑之論。」康、帛二胡，亦有清句。行路難是東陽柴廓所造。寶月嘗憩其家，會廓亡，因竊而有之。廓子齎手本出都，欲訟此事，乃厚賂止之。

齊高帝宋征北將軍張永齊太尉王文憲詩

齊高帝詩，辭藻意深，無所云少。張景雲雖謝文體，頗有古意。至如王師文憲，既經國圖遠，或忽是雕蟲。

齊黃門謝超宗齊潯陽太守丘靈鞠齊給事中郎劉祥齊司徒長史檀超齊正員郎鍾憲齊諸暨令顏測齊秀才顧則心詩

檀、謝七君，並祖襲顏延，欣欣不倦，得士大夫之雅致乎。余從祖正員嘗云：「大明、泰始中，鮑、休美文，殊已動俗。」唯此諸人，傅顏、陸體，用固執不如顏。諸暨最荷家聲。

齊參軍毛伯成齊朝請吳邁遠齊朝請許瑤之詩

伯成文不全佳，亦多惆悵。吳善於風人答贈。許長於短句詠物。湯休謂遠云：「吾詩可爲汝詩父。」以訪謝光祿，云：「不然爾，湯可爲庶兄。」

齊鮑令暉齊韓蘭英詩

令暉歌詩，往往嶄絕清巧，擬古尤勝，唯百願淫雜矣。照嘗答孝武云：「臣妹才自亞於左芬，臣才不及太沖爾。」蘭英綺密，甚有名篇，又善談笑。齊武謂韓云：「借使二媛生於上葉，則玉階之賦，紈素之辭，未詎多也。」

齊司徒長史張融齊詹事孔稚珪詩

思光紆緩誕放，縱有乖文體，然亦捷疾豐饒，差不局促。德璋生於封谿，而文爲雕飾，青於藍矣。

齊寧朔將軍王融齊中庶子劉繪詩

元長、士章並有盛才，詞美英淨。至於五言之作，幾乎尺有所短，譬應變將略，非武侯所長，未足以貶臥龍。

齊僕射江祏詩

祏詩猗猗清潤。弟祀，明靡可懷。

梁記室王屮齊綏建太守卞彬齊端溪令卞鑠詩

王屮、二卞詩竝愛奇嶄絕，慕袁彥伯之風。雖不宏綽，而文體勦淨，去平美遠矣。

齊諸暨令袁嘏詩

嘏詩平平耳，多自謂能。嘗語徐太尉云：「我詩有生氣，須人捉着，不爾，便飛去。」

齊雍州刺史張欣泰梁中書郎范縝詩

欣泰，子眞竝希古勝文，鄙薄俗製。賞心流亮，不失雅宗。

齊秀才陸厥詩

觀厥文緯，具識文之情狀。自製未優，非言之失也。

梁常侍虞羲梁建陽令江洪詩

子陽詩奇句清拔，謝朓常嗟頌之。洪雖無多，亦能自逈出。

梁步兵鮑行卿梁晉陵令孫察詩

行卿少年，甚擅風謠之美。察最幽微，而感賞至到耳。

# 南史本傳

鍾嶸，字仲偉，潁川長社人，晉侍中雅七世孫也。父蹈，齊中軍參軍。嶸與兄岏，弟嶼，並好學，有思理。嶸，齊永明中爲國子生，明周易，衞將軍王儉領祭酒，頗賞接之。建武初，爲南康王侍郎。時齊明帝躬親細務，網目亦密。於是郡縣及六署九府常行職事，莫不爭自啟聞，取決詔敕。文武勳舊，皆不歸選部。於是憑勢互相通進，人君之務，粗爲繁密。嶸乃上書言：『古者明君揆才頒政，量能授職，三公坐而論道，九卿作而成務，天子可恭己南面而已。』書奏，上不懌，謂太中大夫顧暠曰：『鍾嶸何人，欲斷朕機務，卿識之不？』答曰：『嶸雖位末名卑，而所言或有可采。且繁碎職事，各有司存。今人主總而親之，是人主愈勞，而人臣愈逸，可謂代庖人宰用爲大匠斲也。』上不顧而他言。永元末，除司徒行參軍。梁天監初，制度雖革，而未能盡改前弊，嶸上言曰：『永元肇亂，坐弄天爵。勳非即戎，官以賄就。揮一金而取九列，寄片札以招六校。騎都塞市，郎將塡街。服既纓組，尙爲臧獲之事；職雖黃散，猶躬胥徒之役。名實淆紊，玆焉莫甚。臣愚謂永元諸軍，官是素族士人，自有淸貫，而因斯受爵，一宜削除，以懲澆競。若吏姓寒人，聽極其門品，不當因軍遂濫淸級。若僑雜傖楚，應在綏撫，正宜嚴斷祿力，絕其妨正，直乞虛號而已。』敕付尙書行之。衡陽王元簡出守會稽，引爲寧朔記室，專掌文翰。時居士何胤築室若邪山，山發洪水，漂拔樹石，此室獨存。元簡令嶸作瑞室頌，以旌表之，辭甚典麗。遷西中郎晉安王記室。嶸嘗求譽于沈約，約拒之，及約卒，嶸品古今詩爲評，言其優劣云：『觀休文衆製，五言最優。齊永明中相王愛文，王元長等，皆宗附約。于時謝朓未遒，江淹才盡，范雲名級又微，故稱獨步。故當辭密於范，意淺於江。』蓋追宿憾以此報約也。頃之，卒官。岏字長丘，位建康令卒。著良吏傳十卷。嶼字季望永嘉郡丞。

# 附錄三

# 參考書目

夷門廣牘本詩品三卷：明周履靖校訂。萬曆年間金陵荆山書林刋本。

陳學士吟窗雜錄詩品：宋陳應行編。①明嘉靖二十七年崇文堂刋本。②北平手鈔本。③明嘉靖四十年刋本。

山堂考索本詩品：宋章如愚輯。明正德十三年劉氏愼獨齋校刻。

說郛一百二十卷本詩品三卷：明陶宗儀編，陶珽重編幷續。清順治四年兩浙督學李際期刋本。

天都閣藏書本詩品三卷：明程胤兆編。明天啟七年新都程氏刋本。

津逮秘書本詩品三卷：明毛晉編。明崇禎三年虞山毛氏汲古閣刋本。

續百川學海本詩品三卷：明吳永編。明末刋本。

說海彙編本詩品三卷：不著編人。明刋本（卽稗海版重編）。

顧氏文房小說本詩品三卷：明顧元慶編。明嘉靖年間長洲顧氏家藏宋版校刋，新興書局影印。

龍威秘書本詩品三卷：清馬俊良輯。乾隆甲寅大酉山房刋本，新興書局影印。

擇是居叢書本詩品三卷：清吳興張均衡據明正德元年退翁書院鈔本開雕。

詩觸本詩品一卷：清朱琰校。嘉慶三年官刊本。

漢魏叢書八十六種本詩品三卷：清王謨編。光緒二十年湖南藝文書局刊。

學津討源本詩品三卷：清張海鵬校。藝文印書館百部叢刊影印本。

歷代詩話本詩品三卷：清何文煥編。藝文印書館影印本。

五朝小說大觀本詩品：不著編者。民國二十五年上海掃葉山房本。

螢雪軒本詩品三卷：日本近籐元粹評訂，嵩山堂藏版，明治二十五年至三十年間次第刊行。

詩品注：陳延傑注。臺灣開明書店出版。

詩品注（訂補本）：陳延傑注。世界書局歷代詩史長編據民國四十七年訂補本影印。

鍾記室詩品箋：古直箋。廣文書局影印本。

文論講疏鍾嶸詩品：許文雨撰。正中書局出版。

詩品集釋：葉長青撰。松柏長青館叢書。

詩品新注：杜天縻注。世界書局出版。

詩品注：汪中注。正中書局出版。

詩品平議：陳衍撰。臺灣學生書局輯。

鍾嶸詩品疏證：王叔岷撰。學原三卷三、四期。

鍾嶸詩品校證：韓國車柱環撰。亞細亞研究三卷二期，四卷一期。

鍾嶸詩品校證補：韓國車柱環撰。亞細亞研究六卷一期。

鍾氏詩品疏：日本立命館大學詩品研究班撰。立命館文學。

鍾嶸詩品彙注：韓國李徽教注。國立台灣大學五十九年碩士論文。又發表於東洋學及中國學報。

文心雕龍注：梁劉勰撰，范文瀾注。臺灣開明書店出版。

文心雕龍札記：黃侃撰。文史哲出版社出版。

歷代詩話（釋皎然詩式、陳師道後山詩話、葉少蘊石林詩話、葛立方韻語陽秋、嚴羽滄浪詩話、徐禎卿談藝錄。）：清何文煥編。藝文印書館本。

續歷代詩話（吳兢樂府古題要解、楊萬里誠齋詩話、張戒歲寒堂詩話、王若虛滹南詩話、楊愼升庵詩話、王世貞藝苑卮言、謝榛四溟詩話、陸時雍詩鏡總論。）：清丁福保編。藝文印書館本。

清詩話（王夫之薑齋詩話、王士禎漁洋詩話、汪師韓詩學纂聞、沈德潛說詩晬語、吳騫拜經堂詩話、黃子雲野鴻詩的、李重華貞一齋詩說、施補華峴傭說詩。）：清丁福保編。藝文印書館本。

百種詩話類編：臺靜農編。藝文印書館出版。

詩源辨體：許學夷撰。海上娶廬重印本。

甌北詩話：清趙翼撰。廣文書局本。

蘭莊詩話：闕名。廣文書局古今詩話本。
藝概：清劉熙載撰。廣文書局本。
中古文學史講義：劉師培撰。大新書局影寧武南氏校印本。
詩比興箋：清陳沆撰。藝文印書館本。
中國之美文及其歷史：梁啟超撰。中華書局出版。
古詩十九首集釋等五種：清譚儀、明劉履等撰。世界書局出版。
中國文學批評史：郭紹虞著。商務印書館出版。
魏晉六朝文學批評史：羅根澤著。商務印書館出版。
從詩到曲：鄭騫撰。科學出版社印行。
中國文學史研究：梁容若著。三民書局印行。
六朝文論：廖蔚卿著。聯經出版社出版。
典論論文與建安時代的文學批評：楊祖聿撰。中興大學學術論文集刊一期。
文選注：梁昭明太子編，唐李善注。世界書局影印本。
全漢三國晉南北朝詩：清丁福保編。藝文印書館本。
全上古三代秦漢三國六朝文：清嚴可均輯。世界書局本。

漢魏六朝一百三家集：明張溥輯。新興書局本。
樂府詩集：宋郭茂倩編。世界書局影宋刻本。
箋注玉臺新詠：陳徐陵著，清吳兆宜箋注。廣文書局本。
古詩源：清沈德潛選。商務印書館出版。
古詩選：清王士禎選。廣文書局本。
魏文武明帝詩注：黃節注。藝文印書館本。
曹子建詩注：黃節注。藝文印書館本。
阮步兵詠懷詩注：黃節注。藝文印書館本。
謝康樂詩注：黃節注。藝文印書館本。
鮑參軍詩注：黃節注。藝文印書館本。
謝宣城詩集校注：郝立權注。中華書局本。
陶淵明集校箋：楊勇箋。香港吳興記書局出版。
分體詩選：孫克寬撰。臺灣學生書局出版。

十三經注疏（周易、詩經、禮記、論語。）：藝文印書館影印本。
二十四史（史記、漢書、後漢書、三國志、晉書、宋書、南齊書、梁書、陳書、南史、隋書。）：商務印書館百衲本。

世說新語校箋：楊勇撰。粹文堂影印本。

太平御覽：宋李昉等撰。商務印書館影日本靜嘉堂文庫珍藏宋刋本。

歷代名人年里碑傳總表：姜亮夫撰。商務印書館出版。

歷代名人年譜總目：王寶先撰。東海大學出版。

四庫全書總目提要：淸紀昀等撰。藝文印書館本。

魏晉南北朝史研究論文書目引得：鄺利安編。中華書局出版。

古今地名大辭典：臧勵龢編。商務印書館出版。